中国人文标识
China

|第四辑|

孙子兵法

战争与和平的艺术

朱千华 | 著

五洲传播出版社·北京
China Intercontinental Press

图书在版编目（CIP）数据

孙子兵法 ： 战争与和平的艺术 / 朱千华著.
北京 ： 五洲传播出版社，2025. 6. --（中国人文标识）.
ISBN 978-7-5085-5360-3

Ⅰ. E892.25-49

中国国家版本馆CIP数据核字第2025247P54号

作　　者：朱千华
图　　片：Adobe Stock／图虫创意　视觉中国
出 版 人：关　宏
责任编辑：李佼佼
特约校对：许晓徐
装帧设计：青芒时代　张伯阳

孙子兵法：战争与和平的艺术
出版发行：五洲传播出版社
地　　址：北京市海淀区北三环中路31号生产力大楼B座6层
邮　　编：100088
电　　话：010-82005927，82007837
网　　址：www.cicc.org.cn，www.thatsbook.com
印　　刷：鸿博昊天科技有限公司
版　　次：2025年6月第1版第1次印刷
开　　本：710mm×1000mm　　1/16
印　　张：14.5
字　　数：172千
定　　价：68.00元

序

　　《孙子兵法》在中国被视为"兵学圣典""古代第一兵书",为春秋末期孙武所著,全文不过六千言,然其精深奥妙,非寻常兵书可比。书中以"兵者,国之大事"开篇,阐明战争之重;以"知彼知己,百战不殆"为核心,强调情报之重要性;又以"上兵伐谋,其次伐交,其次伐兵,其下攻城"为策略主旨,倡导智慧与和平解决争端之道。《孙子兵法》不仅是一部军事理论著作,更蕴含着深刻的人生哲理和社会伦理观念。

　　更重要的是,《孙子兵法》对中国人的价值观产生了深远影响。它倡导的"以智取胜"而非"以力服人"的思想,体现了中华民族崇尚智慧、追求和谐的文化传统。在现代社会,这种思想能够鼓励人们通过沟通、协商解决问题,而非诉诸武力或对抗。同时,"知己知彼""兵无常势,因敌取胜"的原则,也启示着个人在面对挑战时,应当具备全面了解情况、灵活应对的能力。

　　《孙子兵法》的"全胜"思想,则是人类史上关于战争与和平最伟大的智慧。孙子强调,在战争中尽可能地使用谋攻,通过伐谋、伐交,得以全国、全军、全旅、全卒、全伍,这才是上策。这里的"全胜",不仅是指"全我国",让人意外的是,孙子的"全胜"思想还包含了"全敌国"的战争理念。孙子说，打仗就算百战百胜，还算不上有多高明，而"不战而屈人之兵"，这才是上上策，属于最高明的战争艺术。

《孙子兵法》作为中国最早的一部系统军事理论著作，历来备受推崇，研习者甚众。三国时，曹操根据自己的作战经验，对《孙子兵法》进行了注释。曹操本人是文学家，注重文字训解，他又是军事家，拥有丰富的实战经验，所以他的注解兼有理论性和实践性，被誉为中国史上注释《孙子兵法》第一人，故本书一些观点，取自曹注。

《孙子兵法》的影响力远远超越中国本土，已辐射到其他国家。大约在公元8世纪，这部经典著作通过遣唐使传入日本，并迅速受到广泛推崇。1772年，法国传教士兼汉学家钱德明（Joseph-Marie Amiot）将《孙子兵法》译成法文并在巴黎出版，引起轰动。这个法文译本直到21世纪仍在出版。

如今，包括美国西点军校在内的许多国家的军事院校都将《孙子兵法》作为教材，用于培养学生的战略思维和决策能力。《孙子兵法》经常被用于国际军事交流和研讨材料，各国军事专家和学者通过研究《孙子兵法》，来探讨军事战略的普遍性和多样性。在现代战争中，许多军事理论和战略都受到《孙子兵法》的影响。例如，美军在越南战争和海湾战争中的一些战术和策略，都可以看到《孙子兵法》的影子。

在中国军事史上，《孙子兵法》占据着不可动摇的地位。历代兵家无不奉其为圭臬，研读学习，以寻求战争制胜之道。从古代最惨烈的长平之战，到现代波澜壮阔的抗日战争，无数将领从中汲取智慧，运用其原则指导实战，取得了辉煌战绩。《孙子兵法》中的许多理念，如"不战而屈人之兵""全胜""致人而不致于人""避实击虚"等，至今仍被广泛应用于现代战争中，甚至延伸至商业竞争、外交谈判、体育赛场等多个领域。

通过此书，希望能让大家了解孙子所创造的、具有人文光辉的"慎战""全胜""伐谋""伐交""不战而屈人之兵"等杰出的军事战略思想，同时也能领悟到，任何黩武、杀戮等战争暴力都是黎明前的黑暗，和平的曙光一定会照亮世界。

目　录

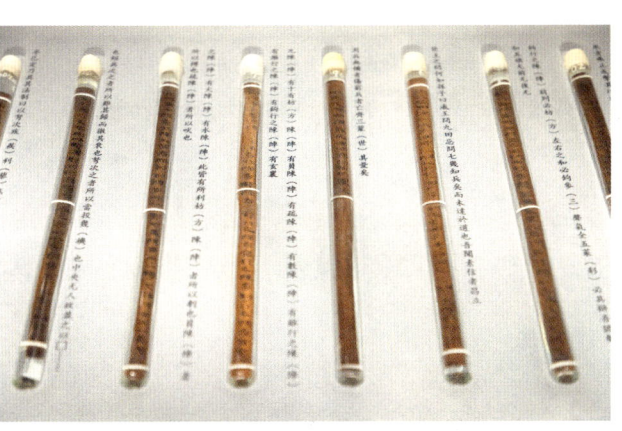

第一章

孙武传奇

　　《孙子兵法》被后世誉为"兵书圣典"，孙武站在战略高度，对于战争提出了自己独特的理解。他通过对自然地理的分析来观察战争的变化，把原始血腥的搏杀，转变成了一种人类智慧的较量。

孙子兵法　战争与和平的艺术

✕

PART 01

孙武的身世之谜

　　齐国是春秋战国时期的一个伟大国度，这里是自由思想的中心，天下贤士接踵而来，百家诸子璀璨夺目。姜尚为西周齐国的开国国君，字子牙，周文王时官为太师，辅佐武王灭商有大功。周公东征胜利后，他被封于齐，都营丘（今山东淄博临淄区），为齐国始祖，因有太公之称，世人称"姜太公"。姜尚开齐时，国土不过方圆百里，后来竟成膏壤二千里、粟如丘山的东方滨海大国。彼时，汤汤淄水，映照临淄高城。城内楼台参差、商贾云集，又有百家争鸣、和而不同的开放与自由风尚，齐国前后历时八百余年。

　　孙武是《孙子兵法》的作者、人类历史上伟大的军事家，他的出生地就在齐国。但是，关于孙武的身世却像谜团一样困扰着我们。最早为孙武作传者，是著名史学家司马迁。他在《史记·孙子吴起列传》中，对孙武的身世描写只有短短三字：齐人也。

　　关于孙武的身世，目前所能见到的最早文献记载是《新唐书》。北宋年间，欧阳修等编著《新唐书》时另辟蹊径，从家族世系谱牒入手，对孙武身世进行了详细研究，撰成《宰相世系表》。由此，我们略知孙武家世渊源。

✕ 孙武像

　　孙武，字长卿，生卒年不详，据其事迹推测，当与孔子生活在同时代，或者稍晚。当代多数孙武研究者，把孙武出生年代，确定在公元前532年左右，前后误差不超过5年。此时为齐景公姜杵臼（前547—前490在位）时代。

田书伐莒，赐姓孙氏

　　孙武先祖是陈国（今河南淮阳）公子陈完。陈国发生内乱，公子完出逃，投奔齐国。齐国招贤纳士，广罗天下英才。齐桓公接纳公子完，委以重任。陈完仕齐，为避免陈国来找麻烦，遂改陈姓为田。

孙武的祖父名田书，字子占，齐国大夫，擅带兵打仗，颇有韬略。《左传》记载了一段田书伐莒的历史。公元前523年，齐景公为扩大地盘，派出以高发为主帅的军队攻打莒国（今山东省日照市莒县）。齐国将士把莒城团团包围，没想到莒共公早有防备，他从暗道逃走，来到纪鄣（莒国的一个城池，在今江苏连云港市赣榆区北）。高发发现后立即追赶，攻打纪鄣。

然而，纪鄣临海而筑，城池坚固，高发久攻不下。齐景公见状，派出足智多谋的老将军田书披挂上阵，再攻纪鄣。田书认为，硬攻不可取，只能等待时机，以计取胜。他命令士兵仔细巡查，任何细节也不能放过。就在田书谋划如何攻打纪鄣的时候，一件意想不到的事发生了。

纪鄣城一位寡居的老妇人以纺线编绳为生。因莒共公曾杀死了她的丈夫，为了报复，她编织了很多麻绳，把这些麻绳藏起来。齐军一到，老妇人把麻绳一节一节接上，垂下城墙。齐军发现，立即报告田书。田书决定，抓紧时机，夜间攻城。

在夜色掩护下，田书让士兵沿着麻绳攀登城墙。神不知鬼不觉，前后有六十人爬上城头。突然，麻绳断了。田书见状，立即命齐军击鼓呐喊，登上城的齐军也一起呐喊。夜色中，齐军一浪高过一浪的声威如海啸般传至城里，让人以为齐军已经攻破纪鄣城，结果"莒共公惧，启西门而出。七月丙子，齐师入纪"（《左传·昭公十九年》）。

田书伐莒得胜，齐景公大喜，给予表彰，把乐安（今山东惠民一带）作为食采之邑封给田书，并赐姓孙氏。从此，田书改名孙书，其后人一并使用孙姓。因欧阳修《新唐书》中有田书"食采于乐安"的记载，后人据此将今山东惠民县，确定为孙武故里。

名将与卿相之后

　　孙书伐莒后，一跃成为齐国名将。孙书的儿子孙凭也不得了，官至齐国卿相，一人之下，万人之上，他就是孙武的父亲。史书对孙凭只有零星记载：孙凭对儿子寄予厚望，精心培育孙武，并最终造就了一代军事奇才。

　　生在如此显赫的世家，孙武从小就对军事、战争非常熟悉。虽不能亲临战火纷飞的前线，但祖父和父亲之间关于谋略、攻防、布阵、粮草、伤亡等军事对抗的讨论，早已在孙武心底烙下印记。齐国是一个拥有悠久兵学传统的国家，在八百多年的齐国历史上，曾涌现出众多杰出的军事家，他们彪炳史册、灿若繁星，如姜尚、管仲、田穰苴（rǎng jū）、孙武、孙膑、田忌、田单等。齐国深厚的兵学文化传统、开放包容的自由思想，都为孙武撰写《孙子兵法》提供了不竭的灵感和肥沃的思想土壤。

PART 02
影响孙武的齐国战略家

　　孙武生活的时代处于春秋末期，中国社会正在发生着一场巨大变革，从奴隶制开始向封建制过渡。临淄是齐国都城，这里人口众多，商业发达，是春秋时期重要的冶铁工业基地。"冶石为铁，用橐扇火，动橐谓之鼓"（唐·孔颖达《春秋左传正义》），铁制农具和兵器的广泛使用加速了奴隶制的瓦解，周天子的宗主地位已动摇。

　　诸侯称霸、兼并战争的规模日益扩大，仅齐桓公就吞并了三十多个小国。要想生存下去，各国只有加强武装，这也使战争规模更加庞大，战场上，动辄几万、几十万的兵力在相互厮杀。如此大规模的兵团作战，迫切需要一套行之有效的战略和战术作为理论指导。

　　站在历史变革大潮中，孙武努力钻研春秋以来丰富的战争实例。齐国名将辈出，其中对孙武军事思想有启蒙与引领作用的人有齐国最杰出的政治家、战略家姜尚，以及齐国的军事家田穰苴。

姜尚与《六韬》

姜尚就是古典神话小说《封神演义》中的姜子牙、姜太公原型,他智慧过人,谋略深远。姜尚真正的宏大伟业,不只是灭商兴周,而是在封齐之后,开创了一个持续八百多年经济繁荣、文化自由的齐国。我们今天常说的"以人为本""和而不同""以法治国"等典故就出自两千六百多年前的齐国。

早先,姜尚为周文王师,后辅佐武王灭商。在长期战争实践中,他总结出一部兵学著作《六韬》,内容包括文伐和武伐。文伐的要点是迷惑、腐蚀、利诱敌国君主,用"文伐"以成就"武事"。比如,因敌所喜、顺敌所欲,可使敌人骄纵妄为;亲敌之所亲、爱敌之所爱,进奸人退忠臣,可使敌人分威分心;贿通敌主左右,收买其心腹以探内情;厚赂珠玉,多进美女珍玩,以增加敌人的淫乐欲;对于敌主"养其乱臣以迷之,进美女淫声以惑之,遗良犬马以劳之,时与大势以诱之";等等。

坊间流传姜尚兵书甚多,唯《六韬》最为真实,集中体现了姜尚的军事谋略,成为中国古代兵学的开山之作,其理论主要有五点:1.德之所在,天下归之;2.文伐,即以文事伐人,无须兵戎相见,"全胜不斗,大兵无创";3.慎战;4.重视人才,尤其是将帅的作用;5.明纪重法。

牧野之战,以少胜多

姜尚的武伐,更能显示其超强的谋略智慧。牧野(今河南新乡、卫辉一带)之战,是姜尚策划的一场著名战役。公元前1046年前后,商朝的主力军被调去东夷作战。姜尚得知消息，觉得机会难得，向武王进言，可以伐纣。武王许之，联合各路诸侯，对商朝的都城朝歌（今河南淇县）进行一次奇袭。

这是一场精心策划的战争。周武王人马并不多，计有战车300辆、虎贲3000人、甲士4.5万人，姜尚为军师。经过6天的急行军，军队抵达商都郊区的牧野，战士们群情激昂，战前宣誓，控诉商王荒淫无道。商纣王猝不及防，但即使商军大部队去了东夷，朝歌城还有17万余人。在兵力上，纣王仍占绝对优势。

周武王问姜尚，敌众我寡如何应对？姜尚说："不可强攻朝歌，牧野这地方不错，摆开阵势，以逸待劳。"姜尚的决定是正确的。区区四万周军，若冒险攻城，结果很难说。姜尚认为，牧野是平原，先进的檀木战车正可以在此开阔地带大展神威。

战争开始，姜尚首先派出战车横冲直撞，碾压商军，又派出敢死队冲锋。从一开始，周武王的军队就牢牢掌握了战争的主动权。最终，商军大败，周武王乘胜追击，攻入朝歌。纣王自焚，商亡。

✕　牧野之战，姜尚派出的战车大败商军。

✕ 田穰苴像

田穰苴其人

除了姜尚，还有一个人对孙武的军事思想产生过重大影响，他叫田穰苴。对多数人而言，这是一个陌生的名字，但有句耳熟能详的俗语"将在外，君令有所不受"，即出自穰苴的《司马兵法》。原文是："阃外之事，将军裁之。"

说到穰苴，他与孙武还有点血亲关系。当年，陈完逃到齐国，改名田完。穰苴与孙武，都是田完后裔。不同的是，孙武是正房一脉所生，而穰苴是庶出后裔。算起来，穰苴是孙武的远房叔叔。穰苴与孙武的父亲孙凭同辈，并且同朝为官，因此，穰苴与孙武有机会碰面。

齐景公时，晋国讨伐齐国，燕国也入侵黄河南岸一带，齐军溃败，都城岌岌可危，景公忧心忡忡。齐卿晏婴（？—前500年，今山东高密人，字平仲）是齐国著名政治家和外交家，历仕灵公、庄公、景公三世。他把田穰苴推荐给景公："穰苴虽是田氏庶出，但他文能服众，武能威敌，希望君王能任用他。"景公闻言，即召穰苴，共商军事，觉得很满意，立即拜他为将军，率领军队去抵抗燕、晋。

穰苴却说："臣出身卑下，人微言轻。希望君王派个大臣做监军，也好为大王立威。"景公许之，派宠臣庄贾随军。两人约好，明日正午在军门集合。次日，穰苴准时到了，可左等右等，也不见庄贾的影子，直到"夕时，庄贾乃至"。大敌当前，庄贾却醉醺醺地迟到，穰苴岂能饶他。

穰苴严厉喝问："你身为监军，为何迟到？"庄贾说："大臣们知道我要去前线打仗，都来饯行。不好拒绝，就多喝了几口。"穰苴问："今燕晋压境，国内骚动，君王寝不安席，食不甘味，百姓之命皆悬于你的手心，还有闲情相送？"

关于庄贾的结局，《史记》中是这样记载的："（穰苴）招军正问曰：'军法期而后至者云何？'对曰：'当斩。'庄贾惧，使人驰报景公，请救。既往，未及反，于是遂斩庄贾以徇三军。三军之士皆振慄。"

景公接到求救信，火速派使者来到军中，要求赦免庄贾。使者车马不经传报，直闯军营。穰苴说："将在军，君令有所不受。"再次召来军法官问："军营中禁止车马奔驰，今使者策马闯营，该当何罪？"军法官说："当斩。"使者恐惧。穰苴说："不斩国君来使。"但随从不免，闯入军营的三匹马，杀一匹。遂拉人马示众三军。

穰苴斩庄贾既肃整军纪，又为自己立威。他深知，自身卑微，要让众将士听令，得以非常手段，体现作为军事将领威严的一面。同时，作为一个杰出的军事指挥者，穰苴又表现出对广大将士爱戴与关怀的一面。

穰苴对将士们的驻地营舍、水井火灶、三餐饮食，以及疾病医药等琐事，无一不亲自过问，他还把将领们享用的粮食，全部拿出来与士兵同享，和士兵吃同样的饭菜。他把疲困病弱的人统计好安置一边，余者加强训练，准备开战。穰苴的行为令将士们深受感动，"病者皆求行，争奋出为之赴战"。

战局很让人意外。晋军得知穰苴治军严谨，不敢应战，只好撤兵；燕军得知穰苴所为后，也立即渡黄河北撤。齐兵趁势追击，收复了所有沦陷领土凯旋。田穰苴兵不血刃，成功退敌并收复失地，景公大喜，率文武大臣到城外迎接，犒赏将士，封穰苴为大司马，后人也因此称司马穰苴。从此，田氏家族在齐国越来越显贵。

《司马穰苴兵法》

未经血战，敌人潜遁。田穰苴过人的谋略智慧，可见一斑。田穰苴根据自己的实战经验，著有兵书《司马穰苴兵法》。后来，齐威王命令朝中大夫整理《司马兵法》，同时，把《司马穰苴兵法》附在其中，原有150篇，今仅存5篇。

司马迁对田穰苴充满敬意和偏爱。在《史记》七十篇列传中，单独为田穰苴列传，而孙武、吴起、孙膑、庞涓等优秀军事家，皆无此殊荣。而且，司马迁也认真读过《司马穰苴兵法》。但让人困惑的是，司马迁在列传最后这样写道："若夫穰苴，区区小国行师，何暇及司马兵法之揖让乎？世既多司马兵法，以故不论。"（穰苴仅仅是替小小诸侯国带兵打仗，他的那点皮毛，哪里能和《司马兵法》相论并列呢！世人既然推崇司马兵法，我就不再言语了。）其实，这是司马迁正话反说，他为优秀的《司马穰苴兵法》无端埋没在陈词滥调的《司马兵法》中感到愤愤不平。

穰苴的用兵思想，约为四点：1.崇仁尚礼："以礼为固，以仁为胜"；2.慎战与备战并重："国虽强大，好战必亡。天下虽安定，忘战必危"；3.将

✕ 2002年枣阳九连墩1号墓出土的春秋战国时期士兵甲胄

帅应有主动权："阃外之事，将军裁之"；4.相为轻重（兵力强弱如何对抗）。

　　也许穰苴对孙武军事思想的形成起到重要的引领作用。穰苴和孙武二人，均不惧国君权势，严肃军纪，执法公正严明。如此胆略气魄，让司马迁推崇备至。谁都知道，君王最喜爱的宠臣违反军纪，要想顶着巨大压力将其斩首示众，那得多大胆识！穰苴做到了。后来，孙武也做到了。

PART 03
孙武奔吴，《孙子兵法》问世

公元前515年，齐国发生了两起严重的人才流失事件。37岁的孔子和18岁的孙武在这一年都离开了齐国，而且都是仓皇出逃。孔子与孙武同在齐国生活过，他们是否见面交流不得而知。孔子从20多岁起就想走仕途，他非常关注天下大势，思考如何治理国家，发表见解。30岁时，孔子已小有名气，齐景公出访鲁国时，曾召见孔子。孔子由此结识景公。

公元前517年，鲁国内乱，孔子逃至齐国，景公厚待之。齐国真是好地方，孔子与齐太师谈琴，闻韶乐之盛美，竟三月不知肉味。景公问政于孔子，答曰："君君臣臣，父父子子。"景公称赏，准备把尼谿一带田地赐予孔子，但被晏婴阻止。理由是孔子的礼数烦琐，与齐国"举贤尚功"的国策背道而驰。由于与齐国贵族的理念相左，孔子人身安全受到威胁，不得不向景公求救，但景公却说："吾老矣，弗能用也。"孔子只得仓皇逃回鲁国。

这一年，孙武也离开了齐国，一路南下，投奔位于江南水乡的吴国。孙武为什么离开呢？

在齐国，孙武家族虽改了姓，但他们这一支仍属于田氏家族成员。而田氏一族人才济济，擅于笼络民心，借粮时常采用大号斗借出，用小号斗收回。对此，卿相晏婴很是不满，曾评价："田氏虽无大德，以公权私，有德于民，民爱之。"再加上齐景公拜穰苴为大司马，一时，田氏家族的实力不断壮大，这引起了晏婴的警惕。他提醒景公，应制止田氏等卿大夫的扩张和膨胀行为。但景公未理会。

晏婴是杰出的政治家，具有高度的政治敏锐性，他甚至预言："齐政卒归田氏。"后来事实也证实了晏婴的判断。晏婴的行为触犯了齐国四大贵族的利益，于是，卿大夫高昭子联合栾、鲍、田三家，对抗晏婴。孙武的父亲孙凭参与其中。因担心失败招致株连，孙凭让孙武携家人逃出齐国，投奔吴国。

就这样，公元前515年的齐国，中国历史上的文武二圣不约而同地出逃了。

隐居吴国，写成兵书圣典

孙武逃至吴国初时，不敢抛头露面，和家人隐居起来，闭门读简。吴都姑苏城乃江南水乡，风光旖旎，无论是小桥流水，还是街头巷尾无意间飘来的吴侬软语，抑或窗下河道上小篷船轻柔的橹声，无不让孙武感受到在北方齐国大地从未有过的温情。孙武觉得精神焕发，政治、战争、谋略等各种关于战争的创作灵感纷至沓来。

这次奔吴，孙武带着姜尚的《六韬》、田穰苴的《司马穰苴兵法》等竹简，还有祖父孙书、父亲孙凭的作战记录。这些书简为孙武系统研究齐国五百多年来的兵家理论，提供了宝贵材料。孙武到吴国之后，时间充裕，

从小印在孙武心底的梦想也渐渐成熟。

公元前 512 年，孙武根据自己在齐国时写的一些兵法心得，分类编次，终于完成了战争史上的一部伟大著作《兵法十三篇》，后人称为《孙子兵法》。

《孙子兵法》被后世誉为兵书圣典，孙武站在战略高度，对战争提出了自己独特的理解。孙子认为，战争是系统工程，不仅仅是攻防谋略，还包括国家安全与发展的方略。指挥者既是军事家，还应该与政治挂钩，站在全局高度，理性审视战争。孙武仔细研究过齐国五百多年间出现的各种军事理论，同时有感于战争的血腥与残酷，生灵涂炭，尸横遍野，满目焦土，孙武在创作《孙子兵法》时，更多充溢着对人的关怀。

《孙子兵法》是一部涉及战争所有元素的军事巨著，由《计篇》《作战篇》《谋攻篇》《形篇》《势篇》《虚实篇》《军争篇》《九变篇》《行军篇》《地形篇》《九地篇》《火攻篇》《用间篇》等13篇组成，共计6000多字。孙武通过对自然地理的分析来观察战争的变化，把原始血腥的搏杀变成了人类智慧的较量。

孙武练兵拜将

孙武在姑苏城中，深居简出，世人莫知其能。然而，器宇轩昂的孙武还是被一人悄悄关注。此人名叫伍子胥。

伍子胥是楚国人，其父伍奢和哥哥伍尚都被楚平王无故杀害，伍子胥在楚国无法立足，被迫逃亡吴国，立定志向，要为父兄报仇。一天，伍子胥在街头看到一个年轻人，衣着与气质都非同一般，举止间显露出贵族气质，就主动上前打招呼。一个齐国人，一个楚国人，都逃亡到了吴国。两人谈得相当投机，很快成为好友。

吴国的国君阖闾，对伍子胥十分器重，也很信任他。吴王励精图治，常与伍子胥谈论强国之道。吴王说，现在吴国急需人才。伍子胥说："我遇到一个军事奇才，想推荐给您。"吴王大喜，立即召见孙武，要求面谈。初次见面，孙武携《兵法十三篇》拜见吴王。吴王读了孙武的兵法，大为激赏，就想封他为将军，但还要试他一试，说："先生的兵法十三篇，我已认真拜读。十分精彩，但只是理论，能否实际操演一下军队呢？"孙武曰可。吴王又说："为方便起见，就近调用我的宫女来演练，可否？"孙子答应了。

吴王即刻传旨。后宫出美女180名。孙武分编成两队，以吴王两个爱姬分任队长，要求全体队员手持长戟，准备操练。戟是一种古代兵器，在长柄的一端装有青铜或铁制成的枪尖，旁边附有月牙形锋刃。孙武耐心地向队长及宫女们讲解操练要领，并三令五申军纪。第一次操练，宫女们不辨东西，笑作一团。

孙武说："纪律不明，号令不清，这是主将之罪。"孙武认为自己没把操练步骤讲明白。再讲。孙武亲自击鼓，指挥第二次操练。可宫女们还是你推我搡，相互打闹。两个女队长觉得好玩，嬉笑不止。孙武大怒，说："三令五申，却不遵从号令，那就是士兵的责任了。"

孙武喝令军史，将两个女队长捆绑，准备斩首。吴王正在看台上，见状大骇，求情道："孙将军，你治军严厉，我已知晓。那两个宫女，是我最爱，若无此二姬，我会整天食不甘味。请勿斩也。"孙武说："臣既已受命为将，将在军，君命有所不受。"最后，孙武毫不留情，斩姬二人，并在军中示众。

所有的人，包括吴王在内，都惊呆了。接下来的情况可想而知，宫女们不敢有半点儿怠慢，个个全神贯注，随着鼓点认真操练。不一会儿，宫女们练得步法纯熟，动作整齐。

孙武练兵斩姬，是《史记》中的著名典故，司马迁不吝笔墨进行了详

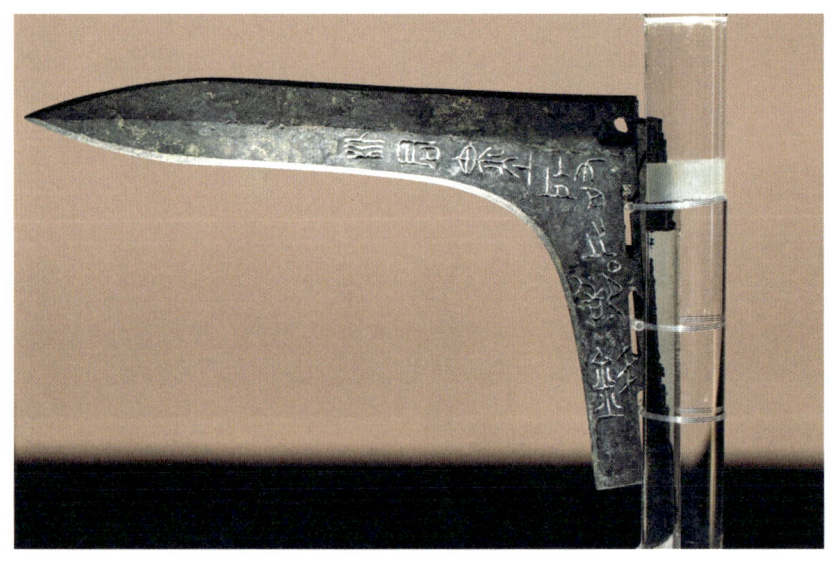

✕ 析君铜戟，1978年随县曾侯乙墓出土，孙武用吴王的宫女练兵时，宫女们手持的即是这种兵器。

细记录。

孙武用此法，在很短时间内把吴王大批宫女训练成手持长戟、步伐整齐的女战士。孙武来到吴王面前，既是汇报，又是安慰："大王，女子队伍已操练整齐，您可亲自检阅。现在这支部队，任凭大王指挥，即使要她们赴汤蹈火，她们绝不会后退半步。"（《史记·孙子吴起列传》）

吴王阖闾可是春秋时期著名的军事家。公元前515年，他派专诸刺杀吴王僚，夺得吴国王位，在当时也是风云人物。当他看到，孙武竟然把180个宫娥，在短时间内训练成动作整齐划一的女战士，再加上那本让人爱不释手的奇书《兵法十三篇》，不由暗生敬意，认为孙武确是不可多得的军事奇才，就封他为将军。

柏举之战：孙武亲自指挥的一次经典战争

春秋时期，地处长江中上游的楚国一度强胜，成为霸主。长江三角洲平原的吴国是新兴小国，在晋国扶持下，吴国的军事实力略有提升，但与楚国相比，仍处劣势。吴国一直寻找机会与楚国抗衡，若不作为，迟早会被楚国灭掉。但吴、楚两国兵力太悬殊。楚军训练有素，装备精良，军队人数约20万人；吴国兵力只有3万人。如此差距，所有人都为吴国捏一把汗。

但是，吴王阖闾有雄心壮志，他广罗人才，有了伍了胥、孙武和伯嚭（pǐ）等实力派的加盟，一个强有力的领导团队已经形成。在伍子胥、孙武、伯嚭等人的辅助下，吴国经济与军力迅速强大。一天，阖闾准备攻打

楚国，问几位大臣的意见。孙武认为"民劳，未可，待之"。(《史记·吴太伯世家》)

吴军攻打楚国，是迟早的事。但吴国3万将士，如何与拥有20万兵力的强楚对抗呢？为此，孙武与伍子胥秘密策划了一个破楚方案，核心就两个字：疲楚。

这是一个长远的战略规划，就是不停地对楚进行骚扰："彼出则归，彼归则出。"每隔一段时间，吴国就派兵去楚国边境捣乱一次，打得赢就打，打不赢就跑。用这种"亟肆以疲之，多方以误之"的战术疲惫楚军。(《左传·昭公三十年》)

吴国连续6年疲楚，轮番作战，使得楚军士气沮丧，疲于应付，对吴军的作战意图也渐渐失去警惕。用这么长的时间，为一次战役做准备，在战争史上十分罕见。

时机成熟了。公元前506年，吴王亲自挂帅，拜孙武为将军，伍子胥、伯嚭为副将，大举出兵攻楚。《史记》记载："当是时，吴以伍子胥、孙武之谋，西破强楚。"

楚国欺压小国，兼并弱国。而孙武采取了联合策略，积极寻求一切力量支持。此次攻楚，孙武认为"必得唐、蔡乃可"。唐（今河南唐河县南境）、蔡（今河南新蔡县）虽是小国，但其地理位置重要，在楚国东北部，通过与唐、蔡结盟，既可补充兵力，也可借道两国，直入楚国腹地。刘向在《新序》中写道"孙武以三万破楚二十万者"，而实际上，吴国总兵力除全国水陆大军三万余人，还应包含唐、蔡两个小国不超过一万人的兵力，共计四万人左右。

千里奔袭，深入楚境

吴国、唐国、蔡国组成联军，浩浩荡荡，溯淮水西进。过州来（今安徽凤台）后，把船留在淮汭（今河南息县以东），这里是浍水注入淮河的地方，水面宽阔，形成港湾。吴军舍舟登陆，沿淮河南岸继续前进。

趁楚国连年作战极度疲惫、北部边境薄弱之隙，吴军迅速通过楚国北部的三关——大隧、直辕、冥阨，即今河南与湖北交界处的九里关、武胜关、平靖关。此三关首尾相接，为历代南北险关要道。而后过清发水（即涢水在今湖北安陆市境内一段水道），直向汉水挺进。这是吴军精心准备的作战方案，吴国常年在大别山袭击和骚扰楚军，此次却突然绕过大别山，从楚国侧面实施战略突袭，目标直指楚都郢城（今湖北荆州），试图通过长途奔袭，出其不意，摧毁楚国的战斗潜力。这就是孙武所说的"以迂为直"。

吴军此次兵不血刃，长驱深入楚境千余里，完全出乎楚国的意料。这是一个坚决而大胆的行动，趁楚国东北部边防空虚，直接到达了当时的汉水东岸，完成了千里奇袭，纵深迂回，直捣楚国心脏的战略部署。至此，吴军顺利完成第一步作战目标——深入楚境。

直到吴军推进到汉水边上，楚国君臣如梦初醒。楚昭王立即集结部队，由令尹（相当于宰相）子常为主将，左司马沈尹戌为副将，率楚军在汉水西岸建立防御阵地，与吴军对峙。可是，20万的部队要想很快集结，哪有那么容易。

楚军主帅子常与副将沈尹戌针对当时的战势制订了一条计策：既然吴军从东北方向的三关攻入，那就由沈尹戌带一队人马，迂回到吴军的后方，到淮水边毁其舟船，再封锁三关，切断吴军退路；同时，汉水西岸的楚军由主将子常率主力，东渡汉水，从正面阻击吴军。这样，吴军被东西包抄，插翅难逃。若此计得逞，吴军连退路都没，凶多吉少。

楚军正在集结，吴军本应该趁此机会，以最快的速度突破汉水，向西直捣郢都。当时，楚军在汉水西岸固守，吴军强攻，处于不利位置，所以，趁楚军大部队未到时强攻，趁其不备，快速渡江，可极大减少吴军伤亡。这是吴军千里奔袭的目的所在。然而战场态势，瞬息万变。就在吴军准备强渡汉水时，一个意外情况发生了。

佯攻造势，伺机伏击

当沈尹戌按原计划去调集楚国兵力试图毁掉吴国战船时，主帅子常身边的武城黑建议速战，大夫史皇也迎合子常贪功之心，怂恿其速战。子常因此改变夹击吴军的计划，不待沈尹戌到达而擅自渡过汉水进攻。吴国君臣获悉楚军夹击之谋，又见子常军渡河来攻，为避免腹背受敌，改变原定强攻的计划，由汉水东岸后退，调动楚军于不利地形。

吴军边打边退，楚军跨河追击。在一个叫柏举的地方，孙武设下5个埋伏圈，采取先佯攻再佯败，诱敌深入，伺机伏击。结果，楚军大败，主将子常弃军逃跑，投奔郑国。

楚军副将沈尹戌正前去阻塞三关，并计划破坏吴军舟船。听闻主将战败，沈尹戌火速回师增援。孙武早料此举，再次设下埋伏。沈尹戌落入伏击圈，被吴军层层包围，最后在绝望中自杀身亡。

楚军溃退。吴军乘胜追击，所向披靡，渡过汉水，于周敬王十四年

✕ 春秋战国时期长铤铜箭镞

（前506年）十一月二十八日，攻入楚都郢城。楚昭王君臣自郢都出奔随国（今湖北随州市西北）。（《左传·吴楚柏举之战》）

发生在公元前506年的吴楚柏举之战，是孙武亲自指挥的一场著名战争，规模宏大，影响深远。孙武高超的谋略与战术得以尽情展示，整个作战过程，无论是远景谋划，还是随机应变，皆如行云流水，挥洒自如。最终吴国以4万兵力大败楚国20万大军，一举攻破郢城。此役创造了中国古代战争史上以少胜多的经典战例，充分展示了孙武卓越的军事指挥艺术。

战国时期的军事家尉缭子，在《尉缭子·制谈》中评价柏举之战中的孙武："有提三万之众而天下莫当者谁？曰武子也。"荀子《议兵》赞誉他："善用兵法，感忽悠暗，莫知其所以，孙子用之无敌于天下。"这些都是对孙武取得柏举之战胜利的赞誉。史学家司马迁也评价道："（吴国）西破强楚，入郢，北威齐、晋，显名诸侯，孙子与有力焉。"

✕ 吴军五战五捷，直达楚都郢城，楚昭王仓皇出逃。此图出自清末石印本《东周列国志》。

孙武晚年之谜

孙武晚年的情况，史料语焉不详。后来，在吴国与越国的一次战斗中，阖闾脚上中箭，不治而亡。夫差继位后，打败了越国，越王勾践投降。伍子胥认为应一举消灭越国，但夫差不听。至此，夫差与伍子胥矛盾激化。公元前484年，吴王夫差赐剑伍子胥，命"子以此死"。伍子胥乃自刎死。

对吴国忠心耿耿的伍子胥被夫差赐死，史有明载。令人疑惑的是，翻遍史料，却未见这一时期孙武的行踪。也许出于对人事与时局变化的敏感与悟彻，孙武感觉到吴国的政治生态已发生变化，吴国已非久留之地。将军带兵打仗，要"进不求名，退不避罪"（《孙子兵法·地形篇》）。全身而退，飘然高隐，也许就是孙武的最终归宿。

PART 04
《孙子兵法》的流传

《孙子兵法》问世后，在战国时期已广为流传。《韩非子·五蠹》记载："今境内皆言兵，藏孙、吴之书者家有之。"

《史记》中记录《孙子》十三篇，见于《孙子吴起列传》，一处是吴王阖闾初见孙武时说："子之十三篇，吾尽观之矣。"另一处在末尾，司马迁赞叹道："世俗所称师旅，皆道孙子十三篇、吴起兵法。"司马迁把《孙子》十三篇和《吴起兵法》相提并论。

吴起（？—前381年），战国时军事家，卫国左氏（今山东定陶西）人。少时家累千金，游仕不遂，后学兵法。初为鲁将，被辞退。入魏为将，因功被魏文侯任为西河守。魏武侯时遭大臣王错排挤，入楚为宛（今河南南阳）守。一年后，升令尹，为楚悼王主持变法。楚悼王死，被变法后利益受损的旧贵族车裂杀害。他首创"围魏救赵"战术，他的兵法与孙武、孙膑齐名。《汉书·艺文志》记载，《吴起兵法》原有四十八篇，已佚。今本《吴子》六篇，系后人附托。

孙武之后，过了一百多年，齐国又出了一位杰出的军事家孙膑。孙膑，字伯灵，齐国鄄邑（今山东鄄城县红船镇孙老家村）人，一说是今山东聊城阳谷人。孙膑是孙武的后裔，大致与商鞅、孟轲同时，著有《孙膑兵法》。孙膑指挥的著名战争主要有周显王十六年（前353年）的围魏救赵、周显王二十八年（前343年）十二月的马陵道之战。

《武经七书》是一个完整的兵学理论体系，由《孙子》《吴子》《司马法》《李卫公问对》《尉缭子》《三略》和《六韬》七部书构成。《孙子兵法》一书自宋代始，即被列为《武经七书》之首，并已出现了不同版本的解读，其中最著名的有《十一家注孙子》，这十一家是：曹操、孟氏、李筌、贾林、杜佑、杜牧、陈皞、王晳、梅尧臣、何氏和张预。

这些注本都是前人对于《孙子兵法》的解读，许多作品早已失传，唯曹操注本流传至今。曹操不但料敌制胜，变化如神，且博览群书，好兵法。因他本人指挥过无数大小战役，拥有丰富的实战经验，故曹注《孙子兵法》，文字简要质切，多得孙子本旨。

后人对孙武和《孙子兵法》持有不少异议。宋代盛行疑古、疑经之风，当时就有人提出疑问，孙武事吴王阖闾，而事不见于《春秋》，是否真有孙武此人呢？南宋叶适认为，《孙子》十三篇是"春秋末战国初山林处士所为"。明清以来，一些著名学者如姚际恒、全祖望、姚鼐等，步宋人疑古之风。甚至还有人怀疑《孙子兵法》非孙武所著，而是"导源于孙武，完成于孙膑"，认为是孙膑所著。

所有这些千古谜团，随着一次重大考古发现而真相大白。1972年4月，山东省临沂银雀山一号墓出土了大批古代竹简，我国现存最早的两部军事名著《孙子兵法》和《孙膑兵法》同时被发现。这意味着，不但失传一千多年的《孙膑兵法》重见天日，同时关于流传两千多年的《孙子兵法》产生的悬案和争论，从此告一段落。

这批竹简是墓主生前抄本，时间大致在秦末至汉初。由于年代久远，发现竹简时，编绳腐朽，简片散乱，残断情况严重。最终整理出属于《孙

子兵法》十三篇的整简和残简，近 300 枚，计 2600 多字，超过宋本《孙子》全文的 1/3，将此 2000 多年前的竹书《孙子兵法》与历代通行的宋本《孙子》相对照，就会发现竹书《孙子兵法》与宋本《孙子》内容基本相符。由此可确定，当初司马迁所说《孙子兵法》十三篇确有其书。《孙子兵法》《孙膑兵法》两部兵书并行于世，疑案就此解决。

三国著名政治家、军事家曹操，在注解《孙子》时写道："吾观兵书战策多矣，孙子所著深矣。"我们今天读曹注《孙子》，觉得曹氏之注句句谨严，字里行间透着深深的敬畏。

唐太宗李世民评论《孙子》说："朕观诸兵书，无出孙武。"他认为，在众多兵书中，《孙子兵法》是最杰出的，没有谁能超过它。

明末著名军事家茅元仪，在其军事名作《武备志》中写道："前孙子者，孙子不能遗；后孙子者，不能遗孙子。"意思是，孙武在撰写《孙子兵法》时，对前人的兵家思想已有深入了解和考量，并且没有遗漏其中有价值的内容；后世兵家学者在研究军事理论时，没有谁能绕过《孙子兵法》。茅元仪的这句话，高度赞扬了《孙子兵法》在军事学领域的卓越地位和深远影响。

第二章
兵书奇谭，
不朽的战争艺术

《孙子兵法》是世界上现存最古老的军事理论著作，共13篇，约6000多字，分别是：《计篇》《作战篇》《谋攻篇》《形篇》《势篇》《虚实篇》《军争篇》《九变篇》《行军篇》《地形篇》《九地篇》《火攻篇》和《用间篇》。这是一套具有系统的战略战术思想。

孙子兵法 战争与和平的艺术

✕

PART 01

计篇：兵者，国之大事

1995年5月12日下午，原本是个平常日子，太阳像个古陶罐挂在天空。山西省晋城高平市永录乡将军岭下，有个小村庄，名永录村。62岁的老农民李珠孩与19岁的儿子李有金，正在自家的承包地里劳作。这里是韩王山西麓将军岭下一个叫杨家山的地方。老李怎么也想不到，一镢头下去，竟刨出一个惊天秘密。

老李首先刨出个骷髅头。再刨，骷髅、白骨越来越多。那些白骨交错叠压，形态极不规整，还有生锈的箭头深深地嵌在头骨上。尸骨旁还散落着长满铜绿的刀币、箭头、带钩等器物。

李氏父子立即报警。不久，民警和山西考古所专家来到现场。一个尘封两千多年的真相由此揭开。

原来，这里就是司马迁在《史记》中所记载的长平之战古战场遗址。

长平之战：中国古代史上规模最大、最惨烈的一次战争之一

战国时，秦国自商鞅变法，国势日强，远交近攻，连连得手。六国中，赵国学北方，胡服骑射，军力较强，又有廉颇等名将，尚可与秦周旋，其余五国皆自顾不暇。其时，秦国颇具雄心，想统一中国。但赵国的存在，却成为一道障碍。

公元前260年，秦攻韩国。韩惊恐，想求和，遣使入秦，欲割上党（今山西长治）献于秦。然而，上党郡守冯亭却将上党这块地盘献于赵国。赵孝成王笑纳，将上党并入赵国版图。赵王的叔叔、平阳君赵豹忧心忡忡，认为冯亭此举是想嫁祸给赵国，"秦服其劳而赵受其利"，势必给赵国带来大祸。

赵王不听，仍派平原君赵胜前去接收。至此，秦、赵矛盾激化，兵戎相见。秦昭襄王派副将王龁（hé）进攻上党。上党赵军被迫退守长平（今山西高平）。赵王闻秦军长驱直入，遂派大将廉颇率赵军主力开往长平迎敌。

廉颇抵长平后，发现秦军攻势凌厉，决定避其锋芒，"固壁不战"。秦军挑战，廉颇不应，只筑垒固守。从后来的事态发展看，老将廉颇选择堡垒战术是正确的，秦军对此束手无策。面对赵国老辣的廉颇，秦王使出一个绝招——离间计。他派人携珠宝前往邯郸，收买赵国权臣，离间赵王与廉颇关系，散布流言："廉颇老矣，秦军最怕赵括。若以赵括为将，秦军将不战而溃。"

赵王中计，以赵括（？—前260年）为将，换下廉颇。卿相蔺相如反对，认为赵括只会空读兵书不知变通，赵王不听；赵括的母亲也反对，跟赵王说，赵奢生前评价赵括把军国大事看得十分容易，目空一切，且不能与军士同甘共苦。但赵王不听，仍将主将廉颇撤下，换成赵括。(《资治通鉴》)

赵括何人？他就是成语"纸上谈兵"的主人公。他的父亲赵奢是一代名将，与廉颇齐名。赵括抵达长平后，一改廉颇的堡垒战术，积极谋划，向秦军进攻。

而秦军也换了主将，由秦国一代名将白起（？—前257年）挂帅。白起计谋百出，最擅长大兵团作战，他是威震中国战争史的一代战神，也是战场屠夫，杀人如麻。司马迁在《史记》中，记录了这位魔鬼将军的可怕战绩："昭王三十四年，白起攻魏，拔华阳，走芒卯，而虏三晋将，斩首十三万。与赵将贾偃战，沉其卒二万人于河中。昭王四十三年，白起攻韩陉城，拔五城，斩首五万。"仅此三仗，二十万人没了。而最惨烈的莫过

✕ 秦武安君白起像

于长平之战。

秦赵两军经长时间攻防对抗，秦军终于将赵军包围在长平。赵军被困46日，饥饿难忍，人竟相食。主将赵括突围，持刀肉搏，结果"秦军射杀赵括。括军败，卒四十万人降武安君（即白起）……（白起）前后斩首虏四十五万人。赵人大震"（《史记·白起王翦列传》）。白起仅释放幼弱者二百四十人归赵，余皆坑埋。然秦军阵亡亦过半。

后来，秦王对白起起了疑心，赐剑自裁。这时，白起才反思："我何罪于天而至此哉？""我固当死。长平之战，赵卒降者数十万人，我诈而尽坑之，是足以死。"遂自戕。（《史记·白起王翦列传》）

至此，秦统一六国的道路畅通无阻。长平之战，是秦国统一中国之前的一场决定性战争，是秦国与赵国之间的一次战略决战。此战，秦国歼灭赵军45万人，成为中国古代史上规模最大、最惨烈的一次战争之一。

长平之战后，赵国无可救药地走向灭亡。

庙算，孙子对军事战略学的重大贡献

《计篇》是《孙子兵法》首篇。这里的"计"，并非用计或计谋，而是文中所说的庙算，即战前评估、计算、运筹等战略谋划。曹操注解："计者、选将、量敌、度地、料卒、远近、险易，计于庙堂也。"（《十一家注孙子》）这是对本篇主旨最早的注释，十分精确。孙子将《计篇》置首，可视为《孙子兵法》的总纲，也是孙子战略思想提纲挈领的高度浓缩和精辟概括。

"兵者，国之大事，死生之地，存亡之道，不可不察也。"打开《孙子兵法》，劈面就看到这几句话，如同游山，刚入恢宏大气的山门，猛地一记钟响炸裂耳际，整个人的身心为之一震，为之警醒。孙子说，战争是关乎国家存亡、百姓生死的大事，绝非儿戏！战争是残酷的，作为一种解决问题的手段，往往会带来经济和人力的巨大损失，更不用说无数家庭因此而承受无尽的痛苦和悲伤。胜者称王称霸，败者国破家亡。孙子去世两百多年后，发生了惨烈的秦赵长平之战，40万赵军被坑杀，赵国的命运也因此发生根本改变，由衰败走向灭亡。

孙子的"慎战"思想，不只是对吴王阖闾提出的忠告，更是对国王、君主、元首、统帅等有战争决定权的统治者或相关权力机构做出的告诫和预警。当然，孙子所说的"慎战"，不轻启战端，是对国家和平的维护与捍卫，但绝非惧战、怯战、不敢战。整部《孙子兵法》是一部哲学著作，充

✕ 春秋战国时期的"国之重器"——编钟

满了朴素的辩证唯物主义哲理。孙子在强调"慎战"的同时，更多的是强调"庙算"，即对敌我双方反复评估，找差距，补不足，不打无准备、无可控之仗，甚至精细到五事、选将、七计，以及兵不厌诈等战术，如此，才能做到既有能力阻止战争爆发，也能赢得任何战争的胜利。

世界上最早的战略概念

尽管孙子强调"慎战"，可由于人性的贪婪与无法调和的阶级矛盾，战争从未停止。在孙子看来，能否发动战争，以及战争的胜负，其实可以预知，他提出了世界上最早的战略概念——庙算。简单来说，就是我们常说的运筹帷幄、决胜千里。

孙子说，战争之前进行评估、推演，若胜，是因为反复找差距，查缺补漏，准备充分；若不胜，说明各项准备还不够。打仗这事，多"庙算"就能胜，少"庙算"就不胜，若无任何准备，更无胜算。

长平之战中，老将廉颇作战经验丰富，在兵力、装备皆弱于秦军的情况下，选择堡垒战对抗秦军，事实证明是非常有效的。可惜赵王中了秦国的离间计，让纸上谈兵的赵括上阵。可以说，赵括根本没有进行过"庙算"，盲目自信，结果全军覆没。赵国惨败，赵括自然要负主要责任，留下千古骂名。

五事：影响战争的五大要素

孙子认为，影响战争有五大要素，即道、天、地、将、法。道，即政治环境，包括贤明的君主、治世的能臣、忠君的百姓，君臣与子民互有共识，朝野一片政通人和的气象，等等。俗话说，得道者即得人心。天与地，主要是指自然条件，即我们常说的天时与地利。将，即主帅，是整个军队的灵魂，所谓千金易得，良将难求。法，即军中的纪律和制度。自古以来，任何违法乱纪的军队都是一盘散沙，不堪一击。这五大要素称为五事。其中的"将"，不得不说一下长平之战中的秦将白起。

孙子说，为将者，需有五德：智、信、仁、勇、严。司马迁为白起立传，开篇就评价三字"善用兵"。

秦将白起熟知兵法，一生征战37年，正面攻城七十余座，未尝一败，成为中国史上杰出的军事家、赫赫有名的一代战将，并因其卓越的军事才能被誉为战神。他以战略眼光、高超的战术和冷酷的手段，成为世界史上著名的军事家。

根据《史记》中的数字统计，白起一生，杀人如麻，共坑杀俘虏近90万人，后人称其"战争屠夫"。对照孙子为将者的五德标准，白起杀伐果断，五德中独缺仁德，最终酿成人生悲剧，被秦昭襄王赐"王剑"自裁。

同样是主将，长平之战中的赵括，比照"五德"，似乎只剩下"勇"。俗话说为将者智勇双全，缺了智慧的"勇"，也就是个莽夫，对整个军队是致命的。

七计：交战双方的基本情况

哪边国君更贤明？哪边主将更足智多谋？哪边占据天时地利？哪边法令能贯彻执行？哪边武器装备更精良？哪边士卒训练更刻苦？哪边赏罚分明、令行禁止？这些最基本的国情，必须一一考察、评估、缜密分析，就像评比打分，最后得出总分，基本就能推断出未来战场的胜负。战前这种

✕ 兵马俑阵中的一名高级将领。身穿双层长衣，外披鱼鳞甲外套，下穿长裤，足穿翘尖履，
头戴鹖冠。

推演，是孙子军事理论中"庙算"的重要一环。

长平之战中，赵国对主将的安排，秦国进行过缜密的"庙算"，先派副将王龁出征，试探一下赵将廉颇的虚实。秦国知道，只要有廉颇在，秦军的胜算不大，即使胜，也一定是惨胜。于是，秦国决定使用离间计，促使赵王用赵括换下了廉颇。同时，秦国也秘密换将，换上了恐怖的"一代战神"白起。白起戴上面具，不让任何人知道，秦军的目的是要打赵军一个措手不及。

用一代战神白起，对付纸上谈兵的赵括，这仗还未开打，输赢已定。

诡道十二术：重要的战术思想

在《计篇》中，孙子提出了一个重要的战术思想："兵者，诡道也。"用兵打仗，可谓奇计百出、诡诈多变。比如，明明英勇善战，一定要装出胆怯无能；若准备出兵，一定要伪装成毫无斗志。要攻打近处目标，可制造劳师远征的假象；若想攻打远处目标，则要装出近水楼台先得月的样子。敌人贪利，就用小利诱其上当；敌人混乱时，就乱中取胜；敌人实力雄厚时，就时时防备他；敌人强大，可避其锋芒；敌人脾气暴躁，就经常去撩拨他、激怒他，让其抓狂失去理智；敌人自卑而谨慎，就想办法吹捧他，使其膨胀，丧失警惕；敌人在休整，就去骚扰他、折腾他，使其疲惫不堪；敌人内部团结，则离间他。

总之，出其不意，攻其无备。在长平之战中，秦国使用了"离间计"，迫使赵将廉颇离开了前线，又使用了"瞒天过海"计，将战神白起派往前线，让赵军毫无准备。这就是战争中的诡道之术。

对此，曹操注解说："兵无常形，以诡诈为道。"这也代表了多数人的想法。其实，这并非孙子原意。"诡"，原为"恑"，《说文解字·心部》："恑，变也。"兵者，恑道也。

尽管后来恑道写为诡道，诡道也顺理成章被认为是诡诈，但孙子的本意是各种战术不断使用，在运动中能产生无穷变化，"运动"才是诡道的思想核心。1935年，红军离开遵义之后，在毛泽东的指挥下，以少胜多、声东击西、兵不厌诈，数次以少胜多、化险为夷，特别是"四渡赤水"这样的经典战例，正是一系列"兵者，诡道"近乎完美的生动演示。

PART 02

作战篇：兵贵神速，速战速决

　　1937年，"八一三事变"爆发，日本侵略军向上海大举进犯，他们深知，一旦开战，必须速战速决。面对日本人采用的"速战速决"战术，我们有何破解之策？

从日本的"速战速胜"到中国的"持久战"

　　早在唐朝时，《孙子兵法》已传至日本。日本人如获至宝，视为兵家圣典。他们用学到的"兵贵胜，不贵久"理论，想在极短时间内，尽快占领全中国。作为诞生《孙子兵法》的国度，一些杰出的军事家立即谋划各种破敌之术。当时，中国优秀的军事理论家蒋百里曾说过："对日作战，胜也罢，败也罢，就是不能同他们讲和。我们中国人，有的是办法。"（蒋百里著《国防论》）

　　抗日战争不同于以往的任何战争，这是半殖民地半封建的中国和帝国主义日本之间的一场生死决战。一开始，有人为此持悲观态度，认为日本国太强势，中国积贫积弱，无力应对，会亡国。但是，更多的有识之士在为抗日出谋划策。

事实上，日本制订的"速战速决"计划，从一开始就没顺利过。在1937的"八一三"淞沪会战中，日军先后投入海军陆战队和陆军部队约28万人，狂妄宣称"一个月内占领上海"。

1937年8月13日，淞沪会战开始，这是抗日战争全面爆发后的第一场大规模会战，也是整个抗战中规模最大、战斗最惨烈的战役之一。此战中国军队付出了惨重代价，上海战区平民伤亡同样触目惊心，闸北、江湾、吴淞、大场等地尽成瓦砾，经济损失超16亿元法币。

虽然日军占领了上海，取得了胜利，但中国军队通过顽强抵抗，成功实现了拖延日军、争取时间和鼓舞全国抗战的目标，粉碎了日本军国主义速战速决、吞并中国的美梦。淞沪之战也为上海工厂内迁、保存经济实力，以及掩护国家转入战时体制赢得了时间。

同时，由中国共产党领导的抗日武装，主要包括八路军、新四军、东

✕ "八一三淞沪会战"的重要见证者——四行仓库。

北抗日联军和华南人民抗日游击队等，开辟了东北、华北、华中和华南四大敌后战场，先后对日军发动过平型关大捷、夜袭阳明堡、雁门关大捷、百团大战等经典战例，给日本侵略者带来了政治上、军事上、经济上、思想上的沉重打击。

敌后战场以游击战为主，机动灵活，让敌人猝不及防，使日本侵略者在后方一日都不得安宁，迫使其陷入正面与后方同时作战的境地，不得不调动大量兵力应对后方。

中国人坚韧不拔的抗战，牵制着日本陆军主力。在世界反法西斯战争中，中国战场抗击和牵制了日本三分之二以上的陆军兵力和相当一部分海空军力量，牢牢地捆住日本法西斯的手脚，使其陷入长期战争的泥潭而不能自拔。最终中国人民取得胜利，日本战败。

《孙子兵法》中的战争经济学

《作战篇》是《孙子兵法》第二篇。这是孙子"庙算"思想的另一个重要组成部分，即战争经济学。"作战"二字，非今日之战斗、战争，"作"，是做、兴起之意。这里的"作战"，意思是做好战前的准备与筹划，仍属庙算。孙子从战争经济学的角度，再次提醒战争决策者要"慎战"。

本篇一开始，孙子为我们算了一笔经济账，从国家财力角度来强调"慎战"。孙子总结了一个国家穷兵黩武的四大恶果：财政枯竭，军队疲惫，锐气挫伤，民怨四起。俗话说"战鼓一响，黄金万两"，意思是，一旦开战，各种花销如流水。根据孙子评估，劳师十万，征战千里，需"日费千金"。再加上战争的耗材，如军饷、粮食、兵器、军械、车马等，国家没有足够的人力、物力、财力，绝不能轻言开战，否则，根本无法承受开战后劳民伤财、经济衰退、物价上涨、百业凋敝的后果。(凡用兵之法，驰车千驷，革车千乘，带甲十万，千里馈粮，则内外之费，宾客之用，胶漆之材，车甲之奉，日费千金，然后十万之师举矣。) 总之，如果想开战，就必须拥有强大的后勤保障和战略支援。

春秋时期，齐国有个杰出的政治家、军事家，名叫管仲(?—前645年)。他也注意到战争与经济的关系，他说："故一期之师，十年之蓄积殚；一战之费，累代之功尽。"意思是，一年的军费，要耗尽十年的积蓄；一场战争的费用，要用光几代人的积累。

既然发动战争花钱如流水，为什么日本人还要发动对华战争呢？

19世纪末和20世纪初，日本进行了一系列的现代化改革后迅速崛起，成为一个强大的工业化国家。但日本是个岛国，资源匮乏，尤其是缺乏石油、煤炭等战略物资。为了解决这个问题，日本政府开始寻求扩大其领土和资源的范围。中国作为一个资源丰富的国家，自然成了日本的侵略目标。

也许，对了解《孙子兵法》的日本人来说，在明目张胆侵略中国之前，已经进行过"庙算"。自明治维新后，日本已逐渐成为工业强国。而此时的中国，正处于动荡时期，经历了辛亥革命、军阀混战，蒋介石正在疯狂围剿中央红军，整个国家时局动荡、经济萧条。仅就经济状况而言，日本是经济强国，而中国积贫积弱，日本根本没把中国放在眼里，甚至夸下海口"三个月内灭亡中国"。

毛泽东在《论持久战》中，看到了中日之间很多对矛盾，虽然敌强我弱，但还有"敌小我大"这对矛盾。中国幅员辽阔，拥有广阔的战略纵深，可以用空间换时间。毛泽东把中国广袤山川国土，视为打持久战、游击战和运动战的重要战场，他说："中国革命的发展是不平衡的，此处吃亏，彼处胜利，东方不亮西方亮，黑了南方有北方，我们总有道路。"（《毛泽东文集》第3卷，人民出版社1996年版）意思是说，国土辽阔，不愁没有革命军队回旋的余地，利用国土战略纵深，完全可以迟滞并消耗对手。

孙子认为，旷日持久的战争，对国计民生将产生严重影响，甚至有亡国的危险。有鉴于此，孙子在《作战篇》提出了两种降低战争消耗的方法："兵贵胜，不贵久"，以及"因粮于敌"。

兵贵胜，不贵久

在《作战篇》中，孙子还提出了一个重要的战略思想："故兵贵胜，不贵久。"同样的思想，本篇中还有"其用战也胜，久则顿兵挫锐，攻城则力屈，久暴师则国用不足"。意思是，一旦决定主动开战，那就要坚持一个战略原则：速战速决，切不可拖泥带水，否则将陷入旷日持久的战争沼潭，造成战士疲惫不堪，锐气受挫，对本国十分不利。

孙子谆谆告诫，战事须一鼓作气，若久拖不决，必然会产生"顿兵（兵疲）、挫锐（锐气受挫）、屈力（战斗力减弱）、殚货（财政掏空）"等兵家之大忌。（"夫顿兵挫锐、屈力殚货，则诸侯乘其弊而起，虽有智者，不能善其后矣。"）因为长时间战争，军需消耗是个无底洞，会使本国财力枯竭，最终动摇国家根基，这时，周边列国就会蠢蠢欲动，瞅准时机对本国发动突然袭击。

"八一三事变"后，日本人叫嚣"三个月内灭亡中国"，然中国国土面积如此广阔，岂是三个月就能拿下的？虽然日本人在战争初期占据了主动，但不顾条件，一味追求速胜，导致的结果反而是速败。

　　孙子"兵贵胜，不贵久"的战略思想，尽管其本意是作为军事谋略献给吴王阖闾，提醒吴王，若主动发起战争，一定要速战速决，以免夜长梦多。但"兵贵胜，不贵久"六字，却又包含了辩证的哲学思想，既然强调速胜，这其中必然隐藏着"不可控"的致命弱点，即"久拖不决"。这个致命弱点对于被攻击的一方，就可能成为用来对抗或反击的优势。

因粮于敌，智将务食于敌

　　中国古代有句俗语"兵马未动，粮草先行"，无论哪一场战争，都不能缺少后勤保障工作。没有强大的保障力，就无法形成强大的战斗力。在《作战篇》中，为了解决后勤补给问题，孙子提出两个方案：一是在出兵打仗之前，充分做好物资、粮食的准备工作；二是从战争中获得供给，即力争从敌国解决粮秣和装备等军需物资。孙子直截了当地指出：

"军无辎重则亡，无粮食则亡，无委积则亡。"一旦打仗，军队无后勤，则不战自亡。

孙子算了一笔账：在敌人那里取得1钟粮食，就相当于从本国运输20钟；在敌国取得草料1石，就相当于从本国运输20石。（"故智将务食于敌，食敌一钟，当吾二十钟；菼秆一石，当吾二十石。"）宋代科学家沈括（1031—1095年）曾领兵抗击西夏，对粮草等后勤补给问题有实战经验。在《梦溪笔谈》中，沈括对战争中的运粮成本进行了科学计算，得出的结论是"运粮不但多费，而势难行远"。

沈括也算了一笔账：1个士兵的口粮，需要3个民夫来回输送，这是最低要求。按此计算，出兵10万，仅后勤运粮团队，就需30万人，这是个相当惊人的数字。而且，这30万人，每天所需口粮也十分可观。所以沈括很赞同孙子的观点，他说："凡师行，因粮于敌，最为急务。"在沈括看来，行军打仗，需要最先谋划的，就是如何从敌方那里缴获粮食。

抗战时期，著名的《游击队之歌》传遍全国抗日战场："没有吃没有穿，自有那敌人送上前；没有枪没有炮，敌人给我们造。"这几句通俗易懂的歌词，生动地描绘了共产党领导下的抗日游击队，英勇机智与敌人周旋战斗。游击队"因粮于敌"，以战养战，用缴获的敌方物资来武装自己。

抗日战争期间，在山东鲁南地区（今枣庄薛城、峄县、滕州市）活跃着一支中国共产党领导的抗日武装——铁道游击队，他们利用短枪、便衣的优势，飞车百里铁道线，出没万顷微山湖，在临枣支线上大显身手，配合山区八路军进行反"扫荡"行动。游击队员们神出鬼没，在津浦线上夺取日军的机枪、粮食等军需物资来支援根据地。

1941年11月，铁道游击队得知日军的一列火车由青岛开往上海，车上有大量布匹。当时已进入冬季，根据地的八路军战士还穿着单薄的夏衣，急需过冬的棉衣。游击队决定，截住日军的这批布匹。当时，天降大雾，游击队员们在大雾的掩护下，经过一番激烈的战斗，从日军手上夺得布匹千余匹，更没想到的是，火车上还有几百套日军的军服。这批布料解决了根据地八路军战士缺少冬衣的难题。

在现代战争中，尽管后勤保障体系有了极大提升，但"因粮于敌"和"智将务食于敌"的理念，仍具有重要的现实意义。通过破坏敌人的供应链、捕获敌方的补给品、进行经济封锁等多种非直接战斗方式，尽量利用敌方资源来满足己方军队的供给需求，以削弱敌方的战争潜力和抵抗意志，同时提高己方作战效率与效能。特别是在一些复杂的现代冲突中，如反恐战争、不对称战争等，对当地资源的有效利用，同样能体现这一传统智慧的现代化应用。

在中国历史上，蒙古军队将"因粮于敌，以战养战"这一战术运用得炉火纯青。蒙古大军实践"因粮于敌"之策，主要体现在两大途径：其一，沿途掠夺牲畜，蓄积为后续之资；其二，面对坚城固垒、清仓匿粟之敌，威逼利诱，迫其献粮以资军用。此等后勤模式，使蒙古士兵无须背负沉重行囊，亦无须冗长的辎重队伍尾随其后，而是就地取材，以战养战。如此，蒙古军队的行军负担大为减轻，战力与机动性得以极大提升，敢于深入敌境，实施灵活穿插与迂回战术，其奔袭之远，常令敌手惊愕不已，难以置信。蒙古人以数量并不占优势的兵力，在短短数十年间，缔造了一个前所未有的庞大帝国，此等非凡战绩，得益于"因粮于敌"之战术。

PART 03
谋攻篇：不战而屈人之兵

　　《谋攻篇》是孙子对战争中如何运用智谋进行攻伐的重要思想，他主张尽量保全自己、减少己方损失，以获取最大的战略优势。其中的战术有很多，比如运用智谋、外交、心理战、经济手段等多种谋略和非武力对抗方式，使敌方主动或被动放弃抵抗意志，从而实现"不战而屈人之兵"的战略目标。

　　孙子在《孙子兵法》中提出："用兵之法，全国为上，破国次之；全军为上，破军次之。"这里的全，即保全、使之全。就是说，让敌人整个国家投降，这才是最高明的策略，若必须通过武力击败对方，效果则会大打折扣。从军队层面来说，无论是全军、全旅、全卒还是全伍，都应该尽量保全，而非仅仅追求胜利。

　　在古代军队编制中，"军、旅、卒、伍"分别代表不同的单位数量：伍为五人，卒为百人，旅为五百人，军为一万二千五百人。"全军""全胜"理论，源自《孙子兵法》的核心战略思想——"全胜论"。孙子强调，在军事对抗中，应尽可能减少自身损失，同时也要考虑保全敌方的生命财产和社会秩序。

　　因此，即使做到百战百胜，这还算不上有多高明，靠武力强攻，俗话说"杀敌三千，自损八百"。不战而屈人之兵，才是最高明的战略。

"不战而屈人之兵"是孙子闪耀着人文光辉的伟大战略思想，提倡通过非直接对抗的方式，如通过外交、心理战术和其他非军事手段达到战争目的，从而减少人员伤亡和物资损失。孙子的"全军全胜"理念，目的在于避免过度破坏带来的社会秩序混乱和生产力下降，从而达到长期稳定的和平局面。

施琅和平收台湾

康熙二十二年（1683年）六月十四日，时任福建水师提督的施琅，虽已是63岁高龄，仍毅然决然地率领清军水师从福建铜山（今东山县）出发，挥师东进，直指澎湖。在他的指挥下，全体将士奋勇作战，经过激烈的战斗，一举攻克澎湖。面对清军的强大攻势，台湾的郑氏政权最终选择投降，归顺朝廷。施琅以兵不血刃之势进入台湾本岛，成功促成了国家的和平统一。此役中，施琅充分展现了其卓越的军事才能，特别是"不战而屈人之兵"的战略智慧，为后世所称道。

明朝末年，随着李自成领导的农民起义军攻占北京，崇祯皇帝自缢殉国，明朝灭亡。随后，清军趁机南下，迅速占领了中原地区，并继续向南方推进。面对清军的强大攻势，南明小朝廷（指明朝灭亡后在南方建立的多个政权，如弘光、隆武、永历等）无力抵抗，四处逃散，试图寻找立足之地。其中，明将郑成功（1624—1662年）作为南明永历政权的重要将领之一，长期在东南沿海与清兵作战。

　　坚持数年后，郑成功意识到在大陆已难以为继，便率领残部离开大陆，前往台湾岛。顺治十八年（1661年），郑成功开始收复台湾，至康熙元年（1662年）春，荷兰东印度公司的台湾长官揆一在投降书上签字，正式向郑成功的军队投降。从此，台湾成为郑氏稳固的根据地。

　　收复台湾不久，郑成功病逝，年仅39岁。其子郑经（1642—1681年）继位，并与清廷展开了近二十年的对抗。在此期间，康熙帝多次招抚郑经，并表示，罪行赦免，按功封赏。但郑经始终拒绝投降。

　　康熙帝对台湾郑氏的关注从未放松。台湾孤悬海外，未能纳入大清版图，始终是其心头之患。此非不欲为之，实乃时机未至。当时，藩王割据，尤其是云南的平西王吴三桂、广东的平南王尚可喜和福建的靖南王耿仲明，三人原为明朝降将，因助清有功而受封为王，拥兵自重，终成清廷心腹大患。

康熙志在统一，深知欲收复台湾，必先平定"三藩之乱"。此过程历时八年，方得平息。康熙二十年（1681年），郑经病故，长子郑克臧继位，握有大权的侍卫官冯锡范发动政变，除掉了郑克臧，另立自己的女婿、郑经的次子郑克塽继位。郑克塽年仅12岁，岛上实际政务，皆由冯锡范掌控。由于郑氏集团内部动荡不安，加上长年困守孤岛，郑氏力量日趋衰弱。

康熙见时机已至，决意武力收台。那么，派谁挂帅出征去收复台湾呢？康熙脑海中立即想到一个人——施琅。

康熙与施琅的收台对策

施琅（1621—1696年），明天启元年（1621年）出生于福建晋江（今龙湖镇衙口村）。出身贫寒的施琅，投弃了明将郑芝龙，由此掌握了海战的排兵布阵法，成为一名优秀的海军将领。施琅先后追随郑芝龙、郑成功父子，积累了丰富的海战经验。

╳ 澎湖列岛的最南侧

后来，施琅与郑成功之间产生矛盾，郑成功下令拘捕了施琅及其家人。施琅设法逃脱，郑成功一怒之下杀害了施琅的父亲和弟弟。施琅走投无路，只得归顺清廷。

康熙十九年（1680年），康熙召见施琅，询其收台之策。施琅计划率水师东进，必先夺澎湖，一旦控制澎湖，便如同掐住了郑氏咽喉。

同时，施琅又提出"因剿寓抚（即用武力迫使对方就抚）"的收台原则，康熙大为赞赏。施琅立下军令状："若行动失败，愿受朝廷责罚。"

至此，康熙发布谕旨，加封施琅为福建水师提督，挂帅东征。中秋节前一天，康熙在瀛台为施琅设宴饯行，嘱咐道："你到了地方，当与文武各官同心协力，以靖海疆。一切由你择机行事，负责实施收台计划。"（"尔至地方，当与文武各官同心协力，以靖海疆。海氛一日不清，则民生一日不宁，尔当相机进取，以副朕委任至意。"）

跨海东征，台湾回归

康熙二十年（1681年）十一月，施琅挂帅出征，率水师北上。施琅被康熙钦定为此次收台行动总指挥，负责具体军事部署；福建总督姚启圣则负责后勤保障工作。

为表明收复台湾的决心，施琅将自己四个儿子（三个未成年）及几十个家族成员，分散到各艘战船随队出征，并与士兵们一同演习。水师驻扎在铜山岛（今福建漳州市东山县），昼夜操练，制造武器，收集情报，并关注海上气象与潮汐变化。经过近两年的精心准备，东征水师装备精良，整装待发。

彼时，台湾郑氏掌权者，名义上是郑克塽，实际由正总督刘国轩和主管政务的冯锡范操控。当他们得知施琅正在铜山岛操练水师，感到极度恐慌，刘国轩急忙率领水师驻守澎湖，构筑防御工事。

施琅在铜山岛举行的海战演习，不仅是为了军事准备，同时也是试图在开战前，最后一次招抚郑氏。姚启圣曾两次派遣与刘国轩熟识的副将黄朝用，前往台湾谈判，但由于郑氏抱有侥幸心理，和谈未获成功。

施琅见此，立即向康熙提出，招抚是行不通的，既然和谈无效，不如趁机开战，清除这个已存在多年的祸患。他请求拨兵两万，配足船只，进征台湾。

康熙二十二年六月十四日（1683年7月8日），63岁的施琅带领两万多名官兵和三百余艘战舰从铜山岛出发，直指澎湖。次日，施琅抵达澎湖海域，决定十六日发起总攻。

郑氏深知，澎湖是台湾的门户，是战略重地。刘国轩率领水师两万多人，部署两百多艘战船，筑起防御工事，准备迎战。

╳ 林则徐纪念馆广场上的清代大炮

十六日，双方开炮对击，战斗打响。至二十二日，施琅指挥水师发起总攻，炮火连天，硝烟四起，史书记载："炮火矢石交攻，有如雨点。烟焰蔽天，咫尺莫辨。"

最终，清军击沉郑军战船190余艘，俘虏和歼灭郑军1.2万余人。而清军仅有300余人阵亡，1800余人受伤。

澎湖大捷的消息传至京城，康熙龙颜大悦。对于台湾岛的后续行动，康熙并未选择立即进攻，而是主张通过招抚，促使郑克塽投降。康熙认为继续战争，将导致军民疲惫，甚至可能让郑氏流窜海外，引起新的纷争。因此，他紧急派遣工部侍郎苏拜前往福建，与督抚及施琅商讨招抚事宜。并下诏书，既赦免郑氏过往之罪，又许诺给予优厚待遇。

澎湖失陷后，郑氏陷入混乱。刘国轩见识了施琅强大的海战实力，说服了郑克塽和冯锡范，决定派代表前往澎湖议降。七月十五日，郑克塽派遣刘国轩之弟刘国昌、冯锡范之弟冯锡韩为代表，前往施琅军营，请求缴械投降。

八月十一日，施琅率清水师自澎湖出发，十三日登陆台湾岛。清军登陆后，发布安民告示，秋毫无犯，宣布减免当年赋税，受到岛上民众的热烈欢迎。十八日，郑克塽偕同冯锡范、刘国轩等官员剃发易服，正式归顺清廷。

施琅凭借卓越的军事才能，"不战而屈人之兵"使台湾回归，获得了康熙的高度嘉奖。

谋攻与全胜：以全争于天下

施琅在准备收复台湾时，非常注重"全军""全胜"的思想，尽可能保持己方军队的完整性，避免无谓的损失。在收复台湾的过程中，虽然在澎湖之战后取得战略优势，但施琅并未立即乘胜追击，进攻台湾，而是通过招抚政策，促使郑氏投降，从而避免了更大规模的流血冲突，最终达到了和平统一的目的。

韩信（？—前196年）是中国历史上著名的军事家，作为刘邦的主要将领之一，他在楚汉相争期间立下了赫赫战功。韩信不仅擅长战场上的战术运用，也懂得适时采用政治手腕来巩固胜利成果。

公元前205年，韩信运用奇袭战术，击败魏国，魏王豹被迫投降，魏国逐被汉军所占领；攻下魏国之后，韩信继续向东进军，以不到三万人的兵力，采用"背水一战"的策略，置之死地而后生，打败了二十万赵军。

攻占魏、赵后，韩信下一步准备攻打燕国、齐国。谋士李左车（赵国名将李牧之孙）献计韩信，可暂停进攻燕国和齐国，留在赵国安抚百姓，关怀遗孤。并将部队驻扎在通往燕国的路上，派一位能言善辩的使者，修书一封前往燕国，展示汉军的强大，燕定会臣服。

韩信采纳了李左车的建议。果然，汉军驻扎赵国，各种亲民、爱民举动，深得民心，百姓皆以酒肉犒劳汉军。韩信又派使者前往燕国。燕国摄于汉军的强大，韩信由此兵不血刃收服了燕国。

彼时，齐国内部不和，特别是齐王与丞相之间的矛盾，使得齐王放松了警惕。韩信趁机迅速推进，抢占了齐国多个城池。齐王田广在内外压力之下，被迫投降。如此，韩信不费一兵一卒，实现了"全国为上"的战略目标。

用兵法则：伐谋、伐交、伐兵、攻城

孙子将用兵的法则分为四等：上策是以谋略取胜，其次是通过外交手段取胜，再次是使用武力手段取胜，最下策是攻城。（"故上兵伐谋，其次伐交，其次伐兵，其下攻城"）这是一系列由高层次到低层次的军事策略。这些策略体现了孙子对战争各个阶段和不同手段的深刻理解。

伐谋，指的是通过智谋来击败敌人。这是最高层次的用兵法则，试图在战争还未真正爆发之前，通过策略来取得胜利。具体来说，伐谋包括以下几方面：情报获取（通过间谍和其他手段收集敌方的情报，了解敌人的实力、部署、意图等）；误导敌人（通过制造假象、散布谣言等方式误导敌人，使其做出错误的决策）；分化敌人（利用敌方内部的矛盾和分歧，使其力量分散，难以形成合力）；心理战（通过心理战术打击敌人的士气，削弱其斗志）。楚、汉两大阵营争夺天下时，著名谋略家李左车运用攻心战帮助刘邦手下的大将韩信兵不血刃收复了楚国的盟友——燕国，创造了历史上实践"伐谋"的典型战例。

伐交，指的是通过外交手段来削弱敌人或赢得盟友，目的是通过外交途径来达成战略目标。伐交包括结盟、分化瓦解、外交谈判（通过谈判达成和平协议或停战协定，避免战争的爆发）。

战国是中国历史上诸侯纷争、战乱频仍的时代。当时，周王室的权威已名存实亡，诸侯国之间为争夺土地和权力，不断发生战争。这些国家中，秦国逐渐崛起，最具实力。但其东边有六国：齐、楚、燕、韩、赵、魏，它们联合起来，对秦国构成威胁。

在此背景下，"伐交"变得尤为重要。被誉为"舌灿莲花"的秦国杰出外交家张仪（？—前309年），运用其天才般的智谋、口才和策略，推行

"连横"政策，通过分化瓦解六国之间的合纵联盟，成功地让各国相信，与秦国结盟，比彼此联合更为有利。张仪常常使用许诺利益、夸大敌国威胁、挑拨离间等方法，使六国之间产生猜忌，实现了对列国的有效控制。

伐兵，指的是通过直接的军事行动来击败敌人。当伐谋和伐交两种策略无法达到目的时，就需要动用军事力量。伐兵包括战术安排（如制订具体的战术计划——伏击、包围、突袭等）、兵力部署、实战训练等。

其实，孙子所说的"不战而屈人之兵"，并不代表完全不使用武力，而是通过有限度的军事行动，达成和平。施琅在收复台湾的过程中，先是指挥水师对澎湖发动了猛烈的攻击。经过激烈的战斗，清军成功攻克了澎湖，这一胜利沉重打击了郑氏的士气，面对清军的强大攻势，郑氏最终失去了继续抵抗的信心。

✕ 纵横家张仪像

当郑氏投诚，献出降表，表示归顺之后，清廷也采取了相应的招抚措施，比如：不杀岛上一人，减免税收，过往反清罪责全部赦免，甚至可以让刘国轩继续为官。

攻城，指直接攻击敌人的城市来取得胜利，属于最低层次的用兵法则，通常是在其他手段都无法奏效时才会采用。攻城包括：围城、强攻、地道战等。

孙子认为，理想的战争应该是在不需要流血的情况下取得胜利，尽量减少战争的破坏性，达到"全胜"的目的。

知彼知己者，百战不殆

"知己知彼，百战不殆"是中国人耳熟能详的一句军事格言，被广泛应用于军事、商战乃至日常生活的各个方面。这句话出自《孙子兵法·谋攻篇》：知彼知己者，百战不殆；不知彼而知己，一胜一负；不知彼不知己，每战必败。

"知彼知己"是孙子军事思想的精髓，也是中国军事思想和战略智慧的高度凝练，强调在战争或竞争中，唯有充分了解自己军队的实力、弱点以及敌人的实力、意图、部署等情况，才能在各种复杂环境中做出正确的决策，从而在每一场战斗中立于不败之地。对此，毛泽东曾高度评价说："战争不是神物，仍是世间的一种必然运动，因此，孙子的规律，'知彼知己，百战不殆'仍是科学的真理。"（毛泽东《论持久战》）

"知彼知己"亦是孙子"庙算"的重要内容之一。孙子列举了五种的可知胜算情况：通晓攻守之道者胜；根据双方兵力多寡而灵活作战者胜；将士同仇敌忾者胜；以有备之师对无备者胜；良将打仗，国君不妄加干涉者胜。具备这五条，即可预测战争的胜负。（"故知胜有五：知可以战与不可以战者胜，识众寡之用者胜，上下同欲者胜，以虞待不虞者胜，将能而君不御者胜。此五者，知胜之道也。"）

在准备收复台湾的过程中，施琅深入分析了敌我双方的情况。

郑氏政权虽然控制着台湾，但在内部存在着诸多问题，如财政困难、军心不稳等。此外，郑氏政权缺乏外部支援，虽然有一定的军事力量，但在海上作战方面并不占优势。

清军在军事实力、物资供应等方面具有明显优势。特别是清朝海军在海上作战经验丰富，装备较为先进。施琅充分利用了这些优势，加强了海军的训练和装备。

施琅十分重视情报工作。他通过各种渠道收集郑氏的情报，包括其军事部署、内部动态等。这些情报为制订详细的作战计划提供了依据。施琅根据翔实的军事情报，制订了详细的作战计划，包括兵力部署、后勤保障、攻城策略等。当和平手段未能奏效时，施琅果断采取军事行动，先进攻澎湖，以打击郑氏的侥幸心理。澎湖攻下后，台湾岛上郑氏的抵抗意志完全被摧毁。

"知彼知己"这一原则不仅适用于军事领域，在现代企业管理、商业竞争、外交谈判等诸多方面，都有广泛的应用价值。它体现了深刻的战略洞察力和务实的实践指导意义，鼓励人们在行动前深入研究，详加分析，审时度势，全面掌握信息，从而制定出最有利的策略。

PART 04

形篇：先为不可胜，以待敌之可胜

孙子说，要想不被敌人战胜，应该注重防守；想要战胜敌人，则应该采取进攻。善于防守的军队，隐藏自己就像藏于深不可知的地下一样，无迹可循；善于进攻的军队，展开兵力就像从九霄突然下降，势不可当。所以善防善攻的军队，既能保全自己，又能获得全胜。("昔之善战者，先为不可胜，以待敌之可胜。不可胜在己，可胜在敌。故善战者，能为不可胜，不能使敌之必可胜。")战国时，赵国名将、军事家李牧（？—前229年），遵循了这个战略原则，百战百胜，与白起、王翦、廉颇并称"战国四大名将"。

李牧：坚壁清野，痛击匈奴

战国时期，由于各诸侯国忙于中原征战，无暇北顾，北方匈奴部落异军突起，倚仗数量庞大的精锐骑兵，时常南下，在赵国边境骚扰劫掠。经过惨烈的长平之战，赵国的经济、军事受到重创。此时的赵国像个垂暮老

人，奄奄一息。更糟的是，赵襄王即位后，命乐乘代替廉颇掌兵权。廉颇因受排挤而怒揍乐乘，最后两位将军双双离开赵国。赵国大厦将倾，摇摇欲坠。在此危难时刻，有个人站了出来，他就是李牧。

李牧是赵国柏仁（今河北省隆尧县）人，曾长期驻防代郡（河北省蔚县）、雁门（山西省右玉县）两郡，抵御北方匈奴入侵。为解决粮饷与补给问题，赵国采取特别政策，镇守边关的主将可根据实情自行任命地方和军中官吏，地方财政收入全部纳入边关账户，作为守边部队经费与粮饷。

作为北部边关的最高将领，李牧把全部精力用来对付匈奴。李牧的用兵思想，非常与众不同，概括起来主要有四条：1.每天宰杀好几头牛，供给守边将士食用；2.将士们每天练习射击，训练骑马，时刻把守着警报台；3.每天派出很多侦察员，监视匈奴人的一举一动；4.发布命令："一旦发现匈奴人入侵掠夺，我方首先要做的，是立即将人马物资等收拾起来，退入堡垒中固守。没有命令，绝不与匈奴人拼杀，否则处斩。"

有了李牧的这四项规定，每当匈奴入侵，烽火台就立即报警，赵国军民迅即进入堡垒，坚守不出，不与匈奴人交锋。

这种防守策略让很多人不解。匈奴人认为李牧胆怯，赵国守边官兵也暗自腹诽李牧胆小。

尽管大家无法理解李牧，但事实是：赵国将士基本没受任何损失，匈奴入侵，也没捞到什么好处，更不敢久留，因为他们不知道李牧的葫芦里卖的什么药。长平之战后，赵国的经济和军事受到重创，李牧防守边关保存实力的同时，加强士兵训练，培养骑兵，侦察敌情，并不曾懈怠。

但赵王并不满意。他责怪李牧不出兵应战，决定换帅，将李牧从北方边关召回。

新帅上任，按照赵王的指示，每次匈奴来犯，都出兵作战，可每战总不利，士卒伤亡很多，使得赵国边民既不能耕田也不能放牧。不得已，赵王又请李牧出山。李牧闭门不出，坚持称病。赵王冷笑一声："你还不是心病。"他强行派李牧守边。李牧说："若大王真想用我，我还得用以前那套办法。"赵王许之。

但凡李牧守边，匈奴都对赵国束手无策，从没得到过什么好处，且始终认为，李牧胆怯。守边将士经常大块吃牛肉，训练认真，各科目达标者都能获得李牧的赏赐，他们很感激，群情激昂，都愿意为国一战。

公元前244年，李牧认为火候到了，率领赵军在代郡和雁门郡一带，对匈奴进行了精心的布局和反击。他利用匈奴人的骄傲轻敌心理，先示弱于敌，引诱匈奴主力深入赵地。随后，李牧出其不意地派出奇兵，从左右两翼对匈奴进行包抄合围，最终一举歼灭匈奴十余万骑兵，取得了冷兵器时代大规模歼灭战的胜利。这次战役之后，李牧又率军灭襜褴（chān lán）、破东胡、降林胡，使得匈奴单于引兵远遁，十多年不敢进犯赵国边境。李牧的这次痛击匈奴，不仅保卫了赵国的北部边境，也彰显了他卓越的军事才能和战略眼光。

作战：先立身不败，再伺机反击

何谓"形"？形的本意是形态、形象。这里指有形的军事力量，也就是军队的人员、武器装备等物质力量。打个比方，在岭南韶关市始兴县隘子镇的山谷之间，有一座闻名遐迩的"满堂客家大围"，远远望去，城墙高耸，城门严实，箭楼林立，原来还有数米深的护城河。这座城堡固若金汤，其中主楼墙基厚达8.2米，全部用河卵石砌成，叠角放花岗岩石条，墙体上布满了各种瞭望孔、射击孔。这座大围屋的形态结构、布局设计以及防御设施，相当于军事上的"形"。

在军事上，"形"就好比这座客家大围屋，体现了军队组织结构的稳固性、兵力部署的合理性、阵型的严密性，以及与地形紧密结合的优越性。军形的好坏直接影响部队的战斗力，比如兵力集中与分散的程度、部队间的协同配合能力、对地理环境利用的巧妙程度等。优秀的军形可使军队在未战之前，就已经处于相对有利的地位。

╳　始兴满堂客家大围屋

孙子在《形篇》中提出了"先为不可胜，以待敌之可胜"的重要战略思想，在战争准备和实施过程中，首先要建立稳固的防御基础，加强自身实力，包括军队建设、物资储备、地形利用、阵型部署等方面，以确保自己不会被敌人轻易击败，然后寻求敌人的可乘之隙，采取进攻与防守两种不同形式打击敌人。

"先为不可胜"的战略思想

"先为不可胜"，即首先要保全自己，创造条件不被敌人战胜。孙子说，古之良将，首先要保全自己立于不败，再伺机克敌。不被敌人战胜的关键在于，我方要准备充分，不出错；而战胜敌人的关键在于，敌人是否出错，要善于寻找敌之破绽。良将能够创造条件不被敌方战胜，但不能保证敌方一定被我方战胜。孙子说"胜可知，而不可为"，意思是，即使胜算在握，也不要盲目冒进和轻率行事。孙子告诫指挥者，要顺应战争规律，不强求一时之功，而是在有利条件下，瞅准时机，给予敌方致命一击。

李牧在与匈奴的较量中，充分运用了"先为不可胜"的战略思想。李牧驻守边疆，并未急于求战。他首先强化防御体系，采取坚壁清野、深沟高垒的策略，避免无谓的消耗战和不必要的损失，同时加强边关建设，完善预警和通信系统，确保对敌情能及时了解，并能够迅速组织有效应对。此外，李牧还注意提高士兵的生活水平，加强士兵体质，并通过训练，提高军队整体素质。可以说，为对付匈奴，李牧在暗地里韬光养晦，做了充足准备，使自己强大起来。

善守与善攻

关于攻防，孙子说：当敌强我弱时，应注重防守；当我的力量能战胜敌人时，应立即发动进攻。（"不可胜者，守也；可胜者，攻也。"）

　　面对北方来犯的匈奴骑兵，李牧采取了坚壁清野的策略，在赵国北部边境构建稳固防线，加固城池，不轻易出击，以免消耗兵力和暴露弱点；并故意示弱，让匈奴误以为赵军软弱可欺，从而放松警惕。这种假象使得匈奴多次小规模侵犯赵国北部边境，却未得到实质性的好处，反而使赵军有更多时间进行备战。

　　在防守的同时，李牧也在为反攻做准备。他注重收集匈奴情报，对匈奴骑兵的作战习惯、兵力分布、动向等都有深入的了解。在战术上，李牧打破了传统的步兵对抗骑兵的劣势，通过精心设计伏击圈、利用有利地形，成功设计了一次针对匈奴主力的大规模围歼战。

　　待时机成熟，李牧果断发起反攻。赵国将士忍耐了很久的愤怒情绪，犹如火山一样爆发。李牧用步兵部队包围并消灭了十万匈奴骑兵，给了匈奴致命一击，彻底扭转了赵国边疆长期以来被动挨打的局面，是孙子所倡

✕ 雁门关

导的"善守""善攻"理论的实践典范。

"胜兵先胜而后求战，败兵先战而后求胜。"意思是说，能打胜仗的军队，总是先创造取胜的条件，然后才同敌人开战；失败的军队，总是贸然开战，然后企求侥幸取胜。李牧痛击匈奴，先充分准备，等待时机，再精心设计，一击致命，基本上遵循孙子"胜兵先胜"的作战原则。

何为完美的胜利?

关于战争胜利，孙子提出了独特而深刻的见解。他写道："见胜不过众人之所知，非善之善者也；战胜而天下曰善，非善之善者也。"意思是，能预见胜利者，不算过人的见识；经过激战而取得胜利，即便是天下之人都说好，也不能算得上是高明。

在孙子看来，真正的善战者，追求的不仅仅是战场上的胜利，更是通过智慧、谋略和外交手段，使敌人不战而降，从而达到全胜的目的。这种胜利方式，不仅避免了己方的兵力、物力、财力的损失，还保全了敌方，实现了两不相伤，是战争的最高境界。孙子认为，完美的胜利应该通过谋略、外交、经济、文化等非战争手段，使敌人屈服或投降，避免直接冲突。

在战争中，首先要确保己方的安全，立于不败之地。在此基础上，寻找敌人的破绽，一举击败敌人。孙子强调"上兵伐谋"，即最上等的用兵之道，是挫败敌人的战略企图，反对那种以破坏敌方为目的的战争方式。提倡在保全双方的基础上实现胜利，避免造成无谓的破坏和损失。这种胜利方式，既体现了战争的艺术，又彰显了人道主义精神。

孙子全胜思想，不仅在古代军事战争中具有重要的指导意义，在当今世界也具有深远的现实意义。

五诀，庙算的补充

在《形篇》的最后部分，孙子通过敌我双方综合实力（如土地、物产、供养能力等）对比，预测战争胜负，俗称"五诀"，即"度、量、数、称、胜"。度，指国土幅员的大小；量，容量，指物产的数量；数，指兵员的多寡；称，衡量轻重，指敌我双方实力对比。"地生度，度生量，量生数，数生称，称生胜。"有多大的土地，就能产生多少粮食、物产，有多少物产就能养活多少兵员，兵员的数量决定着军事实力的强弱，军事实力决定着战争胜负，这可视为对庙算的补充。

李牧抗击匈奴的战争中，其军事策略与孙子兵法中的"度、量、数、称、胜"五诀理论存在着紧密联系。李牧充分考察了边疆地区的地理特点，发展边疆经济、积蓄力量、强化训练，提升自身实力。李牧通过一系列有针对性的战略举措，诱敌深入，利用草原中的有利地形，如小山丘、沟壑、草丛、灌丛等布设伏击圈，最终达到了"先胜后战"的目标，成功击败了强大的匈奴骑兵，保障了赵国北方边境的安全。

PART 05

势篇：以正合，以奇胜

上一节《形篇》，主要讨论了军事实力与战争胜负的关系。孙子强调，善战者，首先要创造自己不可被战胜的条件，然后，等待可以战胜敌人的时机。这里的"形"，可以理解为军事实力的外在表现，包括兵力、装备、训练水平等客观条件。

本节《势篇》，则侧重于讨论如何运用这些军事实力，通过灵活多变的战术和策略，来创造有利于己的战场态势。

《形篇》与《势篇》，属于姐妹篇，是孙子军事思想的重要组成部分，是孙子对战争中"力量运用态势"与"创造有利形势"的重要论述。形与势的关系，可理解为静态与动态、形式与动能的关系。好的军形，是形成有力兵势的基础，而兵势，则是将"军形"优势转化为实际战斗力的关键，二者相辅相成。

打个比喻，一把精心制作且拉满的弓，结构稳固的弓体、绷紧弓弦，代表军队的基础建设和充足的战备状态，弓的大小、材质，则象征着国家或军队的综合实力，包括人数、装备、训练程度等。这就是"形"，是战争中军队组织、兵力配置以及阵型布局等。拉满的弓，就像一个排布整齐、士气高昂的军阵，具有良好的静态防御力和潜在的攻击力，但此时并未转化为直接战斗力。

弓箭的"势",则是指射箭瞬间所释放出的能量和方向,是动态,代表着战略决策与战术行动带来的冲击力和不可阻挡的"动能"。当射手瞄准目标并决定放箭的那一刻,弓弦所积蓄的力量,在瞬间转化为箭矢飞行的方向和速度,形成了无法抵挡的攻击态势。

所谓兵势,就是指挥官准确判断敌情,调动兵力形成压倒性优势,选择最佳时机出击。如同拉满弓,瞄准目标。箭一旦射出,便能以雷霆之势破敌制胜。此外,孙子还谈到"节",这是指放箭的时机,选择恰当时刻释放动能,以获得最大打击效果。

具体来说,兵势体现在如何调动和集中兵力,如何出奇制胜,如何根据战场实况灵活调整战略战术,以达到"如碫投卵"的效果,即通过准确判断和行动,使敌方无法抵抗我方攻击。

《孙子兵法》中的"势",虽不直接对应物理学"动能"的概念,但在战略意义上,可以比喻为一种无形而强大的军事动能,体现在作战行动的各个环节中,达到战胜目的。那么,如何才能构建和利用这种势能呢?

孙子说,管理人数众多的集团军与管理小股突击队并无差别,都需要依靠合理的组织制度;指挥大兵团作战与指挥小分队作战也是一样,依靠的是严密的指挥令,进退有法,优秀的将领统率大军,能够多创造"形""势",遇敌而不败,靠的是"奇正"战术变化;避实击虚,机动灵活,产生强大的摧枯拉朽的气势打击敌人,就像以石击卵。("凡治众如治寡,分数是也;斗众如斗寡,形名是也;三军之众,可使必受敌而无败者,奇正是也;兵之所加,如以碫投卵者,虚实是也。")

垓下之战：霸王别姬，梦断乌江

在秦朝灭亡后，中原大地陷入了群雄割据的局面。其中，涌现出两位杰出人物，分别是刘邦和项羽。刘邦出生在沛县（今江苏徐州市），在秦朝时属于泗水郡；项羽出生在下相县（今江苏宿迁市宿城区），此地在秦朝时属东海郡。按理说，刘、项两家，相距一百多公里，可以说是同乡。然而，尽管地理位置相近，两人之间的关系却越走越远。

刘邦出身贫寒，早年做过亭长，后加入反秦起义军，崭露头角。他以平民身份起家，通过聪明的头脑和不断的努力，最终成为汉朝的开国皇帝。项羽出身于楚国贵族，他的祖父是楚国名将项燕。项羽从小就展现出过人的勇气和多方面的武艺，力能扛鼎，尤其在力量、骑术、箭术以及战斗指挥上表现突出，是楚汉争霸中的一员猛将。巨鹿之战中，项羽与秦军交战，率全军渡漳河，命士卒带三日粮，破釜沉舟，生擒王离，迫使章邯投降。这是中国古代战争史上以少胜多的著名战例，显示出他的决心和战术智慧。

起初，刘、项都是反抗秦朝统治的力量之一，共同的目标使他们结盟。后来，随着秦朝的覆灭，两人之间的关系发生变化。秦灭亡后，刘、项开始争夺天下。刘邦善于团结各方力量，注重争取民心，通过灵活的政治手段和有效的军事策略，逐步扩大了势力范围，巩固了统治基础。相比之下，虽然项羽在战场上凭借卓越的军事才能赢得了多次战役的胜利，但他性格傲慢，缺乏长远的政治眼光，未能有效维系盟友关系，最终导致支持者逐渐流失，势力衰退。

韩信平定北方后，汉军备战攻楚。楚军形势不利，项羽与刘邦和谈，划定楚河汉界后，项羽东归。刘邦欲西撤，张良、陈平劝其乘胜追击楚

军，否则养虎为患。刘邦从之，毁约追击，并召韩信、彭越南下，追剿项羽。公元前202年年底，刘邦与项羽在垓下（今安徽宿州市灵璧县城东南韦集镇垓下村）进行了楚汉争霸的最后一战。

垓下之战时，刘邦所部大军经过会合韩信、彭越、英布的兵力后，人数为"约计50万人"（《中国战争史》），而项羽的楚军人数则为"10万人"。在《史记》中，司马迁用生动细腻的笔触，描绘了垓下之战的悲壮场景。

项羽的军队驻扎在垓下，此时兵少粮尽，形势岌岌可危。刘邦的汉军与韩信、彭越的联军层层包围了项羽，步步紧逼。夜幕降临，项羽的士兵们听到四周传来汉军吟唱的楚地歌谣。项羽闻之，心中大惊，以为楚地已尽归汉军之手，不禁叹息道："难道楚地已尽失？为何汉军中楚人如此之多？"

项羽悲愤交加，夜不能寐，起身于军帐中借酒浇愁。他回想起昔日的辉煌，然而，如今这一切都已烟消云散。他慷慨悲歌，自作诗道："力拔山兮气盖世，时不利兮骓不逝。骓不逝兮可奈何，虞兮虞兮奈若何！"

听到悲壮的歌声，虞姬亦含泪和之。据《史记正义》引《楚汉春秋》记载，虞姬当时也唱道："汉兵已略地，四方楚歌声。大王意气尽，贱妾何聊生？"唱罢，自刎而死。

项羽虽痛不欲生，却又不甘坐以待毙，毅然跨上战马，率领八百壮士连夜从南面突围，疾驰而去。天亮时分，汉军方才察觉，急令灌婴率五千骑兵追击。渡过淮河，项羽身边仅剩百余骑。他继续东进，至阴陵（今安徽省定远县西北）时迷途，向一农夫问路。农夫误导他向左，结果陷入沼泽，被汉军追上。

至东城，项羽身边仅余二十八骑，而追兵数千。项羽自知难逃，对手下说道："我起兵八载，身经七十余战，未尝败绩，遂霸有天下。今困于此，乃天亡我，非战之罪也。我当决一死战，为诸君溃围、斩将、刈旗，令诸君知天亡我，非战之罪。"

于是，项羽将骑兵分为四队，四面出击。他大喝一声，直冲敌阵，汉

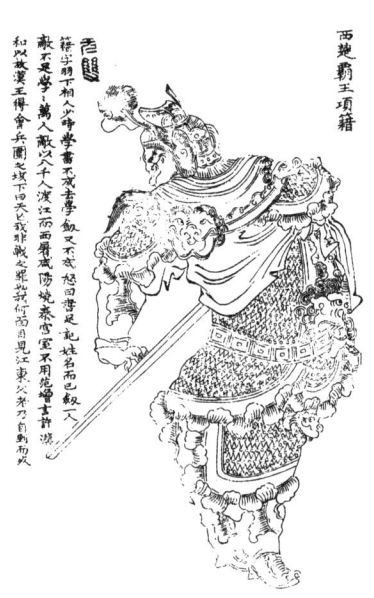

✕ 西楚霸王项籍（项羽）。图片选自清代金古良《无双谱》。

军溃散。项羽斩杀一员汉将，赤泉侯杨喜追击，被项羽怒目而视，人马俱惊，退避数里。

然而，项羽兵力单薄，终难脱身。战斗中，他身负重伤，逃至乌江（今安徽省怀远县乌江镇）边。乌江亭长劝其渡江，项羽笑道："天之亡我，我何渡为！且籍与江东子弟八千人渡江而西，今无一人还，纵江东父兄怜而王我，我何面目见之？"

项羽不愿受辱，将骓马赠予亭长，命骑兵下马步战。他独自斩杀数百汉军，自己受伤十多处，无力再战，最终在乌江边拔剑自刎，结束了其辉煌而悲壮的一生。

关于这场著名战役，历史上曾有多人点评得失。项羽一生征战七十多次，攻无不克，战无不胜，但垓下一战，却全军覆没，自刎乌江，令人叹息。史学家司马迁认为项羽虽然失败，但其英勇、豪迈和不屈的精神令人敬佩。司马迁并未将项羽的失败完全归咎于天命，项羽的刚愎自用、不善用人、缺乏战略眼光等性格缺陷，也是导致其失败的重要原因。

随着项羽的去世，楚汉争霸画上句号。刘邦凭借这场胜利统一中国，建立汉朝，开启了长达四百年的汉朝盛世。

垓下之战最终以刘邦胜利告终，标志着楚汉战争的结束和汉朝的建立。这场战争不仅是军事上的较量，更是智慧的比拼。刘邦通过精心策划和灵活应变，成功主导了整个战争的走向，而项羽因其性格孤傲和对局势的误判，最终走向了悲剧的结局。作为中国古代史上最为著名的战役之一，垓下之战体现了孙子"求之于势，不责于人"的核心思想。

何为"势"？

关于势的概念，孙子用了几个很形象的比喻：像可以漂起石头的激流（激水之疾，至于漂石者，势也）、像一触即发的弓弩（势如扩弩）、像巨大的圆石从高山上滚落下来（如转圆石于千仞之山者）等，都有一种势不可当的力量。用这种力量打击敌人，能够以一当十、所向披靡。优秀将领能最大限度地发挥主观能动性，巧出奇正，巧用虚实，出其不意，最终造成对敌要害致命一击的态势，此为"造势"。在"势"形成的最佳时机，发起攻击，此为"任势"，即由形势发展，或主动创造并利用形势，其中包含了更为积极主动的意味。

城濮之战，发生于周襄王二十年（前632年），是晋国在卫国城濮（今山东省鄄城县西南）大败楚国的一次经典战役。此战不仅成就了晋文公的中原霸主地位，更因其遵循孙子"求之于势"的军事核心思想，做出精妙的战术谋划而被后人津津乐道。

公元前634年左右，楚国势力强盛，欲称霸中原，楚成王联合陈、蔡等国，准备攻打宋国。宋国立即派人向晋国求救。晋国自晋文公上位以来，实力逐渐恢复，而楚国成为晋国谋取霸业的最大障碍。公元前656年，晋文公（当时的公子重耳）因"骊姬之乱"，开始漫长的流亡生涯。晋文公的父亲晋献公晚年宠爱骊姬。为了让自己的儿子奚齐继承君位，骊姬诬陷重耳和其弟夷吾参与阴谋，迫使两人逃亡以避祸。重耳由此开始了长达19年的流亡生涯。在路过宋国时，重耳曾受宋襄公礼遇，因此晋国救宋具有争霸与报恩的双重意义。同时，晋国也与齐、秦两国进行了外交联络，联合齐、秦共同对楚作战。

但是，楚国实力强大，若晋国直接与之交战，几无胜算。而且晋国救宋，必然途经楚国的盟国曹、卫两国，一旦曹、卫出兵，晋国将腹背受敌。晋国大臣狐偃献出一计：不直接救援宋国，而是首先攻打与晋国相邻的曹、卫两国，以吸引楚军救援，即可解除宋国危机。然而，楚军来势汹汹，直扑晋军。为避免正面硬碰，晋文公命令军队"退避三舍"，即后退九十里。有人认为，晋文公此举是为了履行对楚成王的承诺。晋文公流落至楚国时，受到楚成王高规格接待，曾许诺日后两国兵戎相见，晋国当退避三舍，以谢楚成王的款待之情。若晋军失信，就会理亏，楚君占理，从而士气高涨。

楚军将领子玉看到晋军后退，错误地判断晋国未战先怯，强令楚军追击，致使楚军士气受到影响。让楚军没想到的是，晋军的撤退只是一种策略，意在引诱楚军进入包围圈。子玉果然上当，令楚军紧追不舍。最终，晋、楚两军在城濮摆下阵势。晋军对楚军实施左右包抄，楚军大败，狼狈逃窜，退出战场。

城濮之战最终以晋国一方全胜而告终，成就了晋文公的霸业。同时晋国也因精妙的战术运用而被后世称颂。晋文公首先进行外交结盟，晋国联

✕ 中国南京明城墙上的古代兵器弩车

合齐、秦等国，增强自身实力，创造外部有利形势；在策略选择上，晋国不直接救援宋国，而是首先攻打曹、卫两国，迫使楚军回援，以解除宋国的压力；晋文公命令军队"退避三舍"示弱，进行心理战术，此举可麻痹楚军，使其上当。最后在战场战术上，晋军灵活机动，针对楚军弱点，逐一击破。

总之，在城濮之战中，晋国通过外交、策略、心理和战场战术等多方面的综合运用，创造了一个对自己有利的整体形势，最终实现了以弱胜强的目标。

孙子说，为将者追求胜利，应"求之于势，不责于人"，这一原则是孙子战争哲学的核心思想之一。"城濮之战"中，晋军把"势"提到了指挥艺术的最高峰。求之于势，意味着作为将领，应该致力于创造和利用有利的战争态势，即要把握和利用战争发展的总体趋势和有利时机。孙子认为，战争的胜负往往取决于战场上的形势和态势，而非单纯的人力或物力对比。因此，优秀的将领应该善于观察和判断形势，灵活调整战略战术，以最小的代价取得最大的胜利。（"故善战者，求之于势，不责于人，故能择人而任势。"）

在垓下之战前，刘邦对楚汉双方的兵力对比与战场态势进行了深入分析。他意识到，项羽虽屡遭挫败，兵力上已处于劣势，但楚军依然骁勇善战，若强行进攻，楚军很可能绝地反击，拼死一战，导致汉军损失惨重。因此，刘邦认为强攻并非上策，智取才是最佳选择。于是，他采纳了张良等人的建议，利用心理战术，命汉军在夜间高唱楚地民歌，以此瓦解楚军士气。这一计策最终奏效，楚军士兵闻歌思乡，军心涣散，战斗力大减。这便是流传千古的"四面楚歌"的由来。

刘邦军队利用地理环境优势，展现出高超的战略眼光和战术运用，其中利用地势和迂回包抄战术，是取得胜利的关键因素之一。地理环境，包括战场上的地形、地势等自然因素。孙子强调要善于选择有利地势，利用地形优势来增强我方的战斗力。例如，高处易守难攻，低处则相反；狭窄地带利于伏击，开阔地带则利于展开兵力等。垓下虽为平原，但在南边有天然河流作为屏障，在一定程度上限制了项羽军队的机动性。

在冷兵器时代，迂回包抄是一种极为有效的战术。刘邦在垓下之战中，通过精心策划，利用地形优势，派遣军队对项羽进行迂回包抄。这种战术不仅能够分散项羽的兵力，还能在心理上给予项羽军队巨大压力，迫使其陷入被动防守的境地。

奇正：用兵之钤键，制胜之枢机

一般来说，常法为正，变法为奇。《十一家注孙子》注者之一、北宋仁宗时代的王皙曾注释说："奇正者，用兵之钤键，制胜之枢机也。临敌运变，循环不穷，穷则败也。"怎样才能创造这种奇、正之循环呢？首先要"择人而任势"，选择熟知军事、知人善任的将帅，创造有利的作战态势，出奇制胜战胜敌人。

孙子认为，要创造有利的作战态势，关键在于解决战术上的"奇正"之变化运用，他说，"战势不过奇正"，用兵打仗必须做到"以正合，以奇胜"。"正"，通常指的是正规、常规的战术或兵力部署，即按照一般的战争规则和阵型来对抗敌人；"奇"则代表了出其不意、打破常规的战术行动，通过创新和变化来获得胜利。奇正关系是相互转化、相互依赖的，如同阴

阳互根，一正一奇，变化无端，才能达到灵活运用、克敌制胜的目的。

　　垓下之战中，汉军成功运用了《孙子兵法》中的"奇正"理论，策划并实施了一场迂回包抄的隐蔽突击行动。在傍晚时刻，趁着夜色朦胧进入楚军后方。这一举措，就是《孙子兵法》中"奇"的应用，即出奇制胜，通过非传统、非常规的方式，利用敌人的疏忽和预料之外的手段，迅速改变战场形势。

　　项羽的军队本就处于劣势。这时张良提出了"四面楚歌"的计策。这一策略的核心在于利用心理战，歌声从四面八方传来，加剧了楚军的恐慌和绝望。

　　不但如此，汉军还故意在包围圈中留出缺口，让部分思乡心切的楚军士兵逃跑。这些逃跑的士兵形成"示范效应"，进一步动摇了楚军的军心，使得很多士兵选择放弃抵抗。

　　汉军的种种"奇正"策略，极大动摇了楚军的心理防线，形成了战略上的优势，是《孙子兵法》中"凡战者，以正合，以奇胜"理念的具体实践，即通过正兵（常规战法）与奇兵（出奇制胜的战法）相结合，让敌人无法预测我方意图，从而达到攻防自如，即使面临强敌也能立于不败之地。

PART 06
虚实篇：出其所不趋，趋其所不意

《虚实篇》主要讲军队在运动中抢占先机的原则和方法，孙子主张，将领作战要"致人而不致于人"。致人，意味着能够主动引导、影响其至控制敌人的行为。这要求指挥官具备高度的情报收集能力、分析能力和决策能力，以便能够预测敌人的动向并制定相应的对策。不致于人，则指不被敌人的行动左右。这就需要具备灵活性和应变能力，能够在各种情况下保持冷静，不受敌方战术影响。

善战者能主动控制局势，而不是被动地受制于人。良将能主导战局，迫使敌人按照自己的意图行事，而不是被敌人的动作牵着鼻子走。同时还要遵循一些趋利避害的基本原则，并根据战场的实际情况灵活制敌。

台州大捷："虚实"之道的战争艺术

嘉靖三十九年（1560年）三月，著名抗倭名将戚继光（1528—1587年）任台金严参将，负责台州（今浙江临海）、金华（今金华）、严州（今建德东北梅城）三府的防卫任务。戚继光招兵买马，组成了一支以农民、矿工为主的队伍，约四千人，每日操练，不到一年时间，竟训练出一支以一当十、军纪严明的劲旅，人称"戚家军"。

次年，戚继光在台州转战一个多月，成功地运用《孙子兵法》中"虚实"的战争艺术，避实而击虚，先后在宁海、新河、花街、上峰岭、披山、洋坑、藤岭、长沙和洋岐等地大败倭寇，九战九捷，彪炳史册。

新河城里的"空城计"

嘉靖四十年（1561年）四月，一路倭寇两千余人，分乘五十余艘船只，聚集于宁波、绍兴以外的海面，伺机入犯。戚继光率舟师出海巡逻。倭寇知台州有备，窜逃至奉化西凤登陆，又进犯宁海，大肆劫掠，企图吸引明军主力，尔后乘机进犯台州府城。

✕ 浙江临海台州府城墙航拍

戚继光很快识破了倭寇的真实意图，他亲自率领两千战士前往宁海，阻止倭寇增援台州。同时，为了应对进攻台州府的倭寇，戚继光还对兵力进行了详细部署，并通知副手、台金严金事唐尧臣，随时增援台州。

倭寇采用调虎离山之计，其真正目标是劫掠新河城（今浙江台州市温岭市新河镇）。此处是战略要塞，也是戚继光的大本营。戚继光带着主力部队追剿宁海的倭寇，而新河城的防守任务则交给了夫人王氏。离开新河城之前，戚继光留给夫人王氏五百士兵，交代她守好新河城。王氏长期跟随戚继光，耳濡目染，学得一身武艺，排兵布阵也得到了戚继光的悉心指导。

倭寇得知戚继光去了宁海，台州空虚，遂分三路进犯台州。其中一路约七百余人，乘坐八艘战船，由周洋港登陆，两日后抵达新河城外，肆意抢劫。当时，新河城内精壮士兵大多出征，留守者人心惶惶。在这危急时刻，戚夫人挺身而出，命令打开兵器库，发动妇女穿上军装，手执武器，与士兵一起登城守卫。一时间，城墙上人头攒动，军旗猎猎，严阵以待。

倭寇到达后，见城上锣鼓齐鸣，摇旗呐喊，倭寇远望新河城而不敢靠近，完全不知底细，更不敢贸然攻城。这正是戚继光教给夫人的"空城计"。就在倭寇犹豫不决之时，唐尧臣的救兵赶到新河，从背后对倭寇发动了突然袭击。

倭寇措手不及，慌忙逃往城南寺前桥的鲍家大院固守。战斗持续到下午，唐尧臣与戚夫人联手，斩寇首八十余级，缴获武器一百七十多件，而明军仅阵亡三人。唐尧臣与戚夫人率明军撤入城内，倭寇残部向温岭方向逃去。

深藏虚实：戚继光大战上峰岭

嘉靖四十年（1561年）五月初，2000倭寇乘18艘帆船停泊于圻头（今宁海越溪岐头村），随后进犯台州府城东面的大田镇。戚继光率1500多名官兵抵达大田岭设伏，双方在大雨中对峙了两天。倭寇见攻打台州取胜无望，便沿着山路逃往大石方向。戚继光判断，倭寇必然会窜犯仙居，进而劫掠处州（今丽水）。

既然已知倭寇的去向，戚继光果断决定打一场伏击战。他找来当地向导，研究倭寇的行进路线，得知其必经之地是一个名为上峰岭（今临海市西北上峰村）的地方。这里是一条狭长的山谷，非常适合设伏。孙子云："凡先处战地而待敌者佚，后处战地而趋战者劳。"戚继光迅速做出部署，安排一小部分官兵尾随倭寇，随时切断其后路；他自己则率领大部队沿另一条山道，火速奔赴上峰岭，争取在倭寇到达之前设下埋伏，以逸待劳。

戚继光命令将士们急行军，与倭寇抢时间，率先到达上峰岭。他又命令士兵用松枝遮挡，隐蔽在山谷两侧设伏。

╳　宁波市博物馆抗倭场景图

不久，倭寇从东向西慌慌张张进入山谷。他们十分警觉，不敢贸然前进，停下脚步，但远望岭上，只见满山青松，未见异样，于是放松了戒备，迅速通过。

等倭寇全部进入山谷后，戚继光下达了攻击命令。顿时，戚家军鸟铳开火，箭矢如雨，宛如猛虎下山，向倭寇猛扑过去。

倭寇仓皇应战，但前有阻击，后有追兵，戚家军喊杀声震动山野，将士如潮水般涌来。倭寇四处逃命，有的被杀，有的连滚带爬逃出山谷，奔向白水洋（上峰岭山脚下的一个村庄，即今白水洋镇），躲进了朱家大院。戚家军乘胜追击，将朱家大院团团围住，先是用鸟铳射击，后又用火药焚烧，残寇最终被灭。

此役，戚家军以1500人全歼2000倭寇，解救被掳百姓1000人，而阵亡者仅3人。战斗结束后，戚家军入台州，城中老少出城二十里相迎，欢呼声震天响。当晚，全城摆酒共庆胜利。

飓风行动：戚继光长沙救同胞

严格来说，这是中国古代史上一次罕见的、专门解救平民人质的特别军事行动。本文所写的长沙，指的是今温岭市城南镇长沙村一带。460多年前，戚继光指挥的长沙之战，即发生于此。

戚继光在作品《大学经解》中，提到了这次特别军事行动的经过。辛酉（1561年）长沙之战前，他得到消息，倭寇从象山、奉化等地劫掠了1200多名大明子民，将他们囚禁在船上，整日折磨。

戚继光立即集合全体将士，向上天祈祷："以我中国衣冠而臣妾夷狄，天将忍乎？"所有将士闻之，无不泪下。戚继光又说："不愿俘馘，惟祈天救此男女，即收兵。"

× 戚继光遗笔

戚继光随即下达命令，行动开始。他反复告诫将士，不要妄杀无辜，禁止使用火攻，以免误伤百姓。

嘉靖四十年（1561年）五月十八日，戚继光率部队进至铁场（今温岭东北铁场），遇雨，戚继光以身作则，激励士兵冒雨前进。十九日，部队接近长沙。那天天气阴暗、昏沉，海面上浊浪翻滚。很快，战船与倭船相遇，戚继光果断擂鼓，分三路迅速迫近倭船。倭寇见戚家军突至，又惧怕戚继光的威名，不敢恋战，纷纷夺船逃跑，很多倭寇投海泅逃。

戚继光指挥水军解救人质，遇倭贼抵抗，格杀勿论！戚家军扑向倭船，杀退倭寇，迅速从倭船中救出了1200多被掳百姓。救人任务完成，迅速撤退！

许多戚家军战士不太理解，明明可以乘胜追击，为何要放弃这么好的机会？在众将领的疑惑中，戚继光命令战船加速返航，并命令所有战船并排绑牢。正在众将士不解之时，突然，天空混沌，海面上飓风骤起，海浪排空。远处海面上的倭船全部被掀翻，泅海之倭寇全被淹死。

原来，戚继光不仅潜心研究《孙子兵法》，还学习观察天象。他知道飓风将至，只能先救人，然后尽快返航，否则，威力无比的飓风可以掀翻海上的一切。

长沙之行动，除慌乱中掉入海中淹死的部分倭寇外，戚家军共斩寇首56人，缴获武器3240余件，战船11艘，解救男女1200余人。

长沙解救人质行动之前，倭寇分兵300人外出抢掠。当他们得知长沙群倭被歼，不敢回巢，想趁夜驾船十艘出逃。戚继光手下的大将胡震，率战船先后将这300倭寇歼灭，活捉了五郎如郎、健如郎等头目，使倭寇"只樯不返，而贼部中之枭雄悉绝"。

虚实浅说：出其所不趋，趋其所不意

古今善战者，都能够主动创造有利条件，比如通过合理的布局和调度，使得敌方不得不按照己方设计的模式来行动。比如，通过诱敌深入、设置陷阱等手段，迫使敌人陷入困局。

在现代战争中，信息的重要性愈发凸显。谁掌握了更准确、更及时的信息，谁就能更好地控制局势。通过误导敌人、隐藏真实意图等方式，掌握战争的主动权。

掌握主动，致人而不致于人

戚继光在台州大捷中，成功地实施了上峰岭伏击战。当他得知倭寇行进路线必经上峰岭时，果断快速行军，预先设伏。戚继光熟读《孙子兵法》，以"凡先处战地而待敌者逸，后处战地而趋战者劳"的战术理念，以逸待劳，将战争的主动权牢牢掌握在自己手中，最终取得了上峰岭大捷。

戚继光是著名军事家，自幼熟读兵书，他可能读过曹操点评过的《孙子兵法》，对曹操指挥的官渡之战有所了解。在官渡之战中，曹操展示了如何才能"致人（调动敌人，使敌人按照自己意图行动）"，而"不致于人（不被敌人所调动，不受敌人控制）"。

官渡之战发生在公元200年，地点在今河南中牟县官渡桥村一带。当时，地方豪强武装割据，《后汉书》谓为"大者连郡国，中者婴城邑，小者聚阡陌"，形成了长达十年多之久的军阀混战。196年，曹操迎献帝于许昌，自此"挟天子以令诸侯"，威势大增；与此同时，袁绍也战胜了公孙瓒，占有河北等地。199年，袁绍率兵企图南下进攻许昌，官渡之战由此拉开序幕。

据《三国志》记载，当时曹操兵力大约两万人，而袁绍兵力约为十万人。战前，大多数人都认为，因为双方兵力悬殊。曹操处劣势，几无胜算。不但如此，就连曹操的部下也无信心，甚至很多部下悄悄写信给袁绍，表示自己心向袁军，战后也愿投靠袁绍。

面对如此危险的态势，曹操明显处于兵法中"致于人"的被动局面。但是曹操临危不惧，冷静地根据双方的实际情况进行筹划，首先选择了官渡作为决战地点，因为这里靠近自己的根据地许昌，便于补给和防守。同时，此处地势狭窄，不利于袁绍的大军展开攻势，从而削弱了袁绍的兵力优势。

曹操的谋士许攸仔细分析了战场形势，认为袁绍的人马多，粮食供应是其维持战斗力的生命线，而乌巢（在今河南延津县），作为袁军的主要粮草囤积地，防守相对薄弱。若能偷袭乌巢，切断袁军补给线，将会对袁绍造成致命打击。

许攸的这一妙计，让曹操掌握了主动权，扭转了战局。曹操立即派出轻骑兵，火烧乌巢粮仓。袁绍得知乌巢被烧，兵分两路，回救乌巢。慌乱中遭曹军设伏，袁军大败。守卫乌巢粮仓的淳于琼被俘，粮草尽烧。袁绍军心动摇，很多军官投降了曹操，兵败的袁绍仓皇带着八百骑兵逃归河北。

官渡之战以曹操大胜而告终。战后，曹操与袁绍的实力发生大逆转，袁绍于202年因兵败而忧郁致死。五年后，曹操彻底消灭了袁家军事集团，成了北方霸主。

曹操在官渡之战中，通过巧妙地选择战场、果断的军事行动、有效的后勤破坏以及精准伏击，成功地将战场主动权牢牢掌握在自己手中，实现了"致人而不致于人"的高超指挥艺术，最终以少胜多，奠定了他在北方地区的统治地位。

"掌握主动权"这一战略理论，不仅适用于军事领域，在其他领域如商战、体育竞赛乃至个人生活中的决策也具有广泛的借鉴意义。无论是在商业谈判中占据主动，还是在市场竞争中引领潮流，都能体现这一原则的重要性。通过精心策划、预先布局，可以让自己始终处于有利位置，而不是被动地跟随对手的步伐。

出其不意，避虚击实

孙子说"出其所不趋，趋其所不意"，可以理解为：我方攻打的目标，一定要使敌方无法救援。我方进军的目标，一定要让敌人意想不到。简单地说，就是要做到出其不意，利用敌方弱点制造意外，从而赢得战略上的主动。

"围魏救赵"是中国古代军事史上一个著名的战例，充分体现了《孙子兵法》中"出其不意，避虚击实"的战略思想，通过巧妙调动敌人，使敌人分散兵力、露出破绽，从而在战场上占据主动。"围魏救赵"的故事发生在战国时期（前354年），当时魏国的强大军队，正在围攻赵国的都城邯郸。赵国向齐国求援，齐国派遣将领孙膑和田忌率军救援。然而，直接前往邯郸解围并不明智，因为魏军实力强大，正面交锋可能会导致惨重损失。

孙膑决定采用"出其不意，避虚击实"的策略，不直接前往邯郸解围，而是选择攻击魏国的首都大梁（今河南开封）。迫使魏军回师自救，分散兵力，从而解除对邯郸的压力。

齐军故意制造声势，佯装要进攻大梁。魏军得知这一消息后，果然如孙膑所料，不得不分兵回防，以保护自己的首都。魏军主将庞涓被迫撤军，留下部分兵力继续围攻邯郸，但主力部队已经离开。

当魏军回师途中，孙膑预判了他们的行进路线，在桂陵（今河南长垣县）设下埋伏。当魏军疲惫不堪地经过此地时，齐军突然发起攻击，打了魏军一个措手不及。魏军在毫无准备的情况下被击败，主将庞涓也被俘虏。

"围魏救赵"完美诠释了"出其不意，避虚击实"的战略思想。它展示了如何利用敌人的弱点，达到"四两拨千斤"的效果。如今，这一战例被广泛应用于各种战争和竞争场合，成为一种重要的军事和战略思想。

从"虚实"的角度来看，"虚"指的是兵力薄弱、防御空虚的状态，比如魏都大梁，是魏军的软肋，可以轻松拿捏；而"实"，则表示兵力充足、防御严密的状态，比如攻打赵国的魏军，如果齐军与魏军硬碰硬，则胜负难料。

"出其所不趋"，意味着寻找并攻击敌方的"虚"，即敌人无法迅速集结兵力进行防御的位置或时机；"趋其所不意"，则是在敌人不设防，或者未预料到的地方发动攻势。这样做可以充分利用敌人的"虚"，达到事半功倍的效果。

在台州大捷中，戚夫人为保卫新河城，在兵力严重不足的情况下，动

浙江临海江南长城上的大炮

员城中百姓共同抗倭。他们在城头上摇旗呐喊，成功上演了一场空城计，使得倭寇不明真相，不敢贸然进攻。这就是典型的"出其不意"。戚夫人利用敌我双方的信息不对称，制造了战术上的优势。通过隐藏自己的真实意图，洞察敌人的弱点，最终达到了以少胜多、以弱胜强的目的。

所谓军神：兵无常势，水无常形

关于用兵打仗，孙子曾经举过一个形象的例子："兵形像水。"他指出，水流的规律是向低处奔流，而用兵的规律则是"避实而击虚"。因此，打仗没有固定不变的方式和方法，正如流水没有固定的形态一样。能够根据敌情变化，采取相应对策并最终取胜者，可称之为"军神"。（"夫兵形象水，水之形，避高而趋下，兵之形，避实而击虚。水因地而制流，兵因敌而制胜。故兵无常势，水无常形。能因敌变化而取胜者，谓之神。"）

孙子所说的"兵无常势",指战场上各种战况瞬息万变,这对指挥者提出了极高的要求。

戚继光在台州大捷中的表现,同样体现了"兵无常势,水无常形"的理念。为了解救一千多名同胞,戚继光观察天象,预知飓风即将到来,在果断救出同胞后,并不恋战,而是果断撤离。他知道飓风会消灭海上的倭寇。

戚继光在台州九战九捷,根据战场实际情况,及时调整战术。正是这种应变能力,成就了台州九战九捷的辉煌战绩,成为"兵无常势,兵形如水"的忠实践行者。

PART 07

军争篇：以迂为直，以患为利

曹操对"军争"的解释是"两军争胜"，意思是，敌我双方争夺取胜的有利条件。毛泽东曾说过："有条件要上，没有条件创造条件也要上。"这与"军争"思想在本质上是相通的，都强调了主动创造和把握战争胜利所需的条件。说得通俗点儿，军争就是敌我双方围绕着战略目标和战术优势，运用各种手段，在战场态势上争夺先机和主动权，最终达到战胜对手的目的。

例如，在一场战役中，两军对阵，甲方意图攻占乙方的要塞，以控制一条重要的交通线。为实现这一战略目标，甲方需要通过一系列行动，来争取取胜的有利条件，比如占据有利地形、加强速度与机动性、切断敌方补给、进行各种心理战、获取侦察情报等。这些都是军争中使用的各种手段，其目的就是趋利避害，尽可能地抢先占据战场上的主动权。

1947年年初，一场悄无声息的军事风暴正在鲁中大地酝酿。中国华东地区的战局看似平静，实则暗流涌动。国民党从徐州、郑州两个绥靖公署调集24个整编师、60个旅，约45万人兵力，由陇海、津浦、胶济三面向沂蒙山区进攻，试图以南北夹击之势，对我山东解放区的首府临沂大举进攻。

在这紧张压抑的气氛下，一支披星戴月、行踪诡秘的部队正悄然潜行于夜幕之中。他们是华东野战军（以下简称华野）的精锐之师。在司令员兼政委陈毅、副司令员粟裕等指挥员的领导下，华野的一次足以载入史册的奇袭行动，即将在黎明前的黑暗中爆发。

奇袭莱芜：舍南求北，隐真示假

1947年1月中旬，鲁南战役结束后，华野在山东的主力约有50多个团、20多万兵力。此时，蒋介石错误地判断，我华东野战军在鲁南战役中伤亡重大，续战力不强，并料定我军必定死守临沂。

蒋介石之所以如此笃定我军会固守临沂，是有原因的。首先，临沂是新四军的根据地，也是山东解放区的首府，可以说，临沂是中国共产党在黄河以南、长江以北的军事、政治中心，临沂的地位对我党而言，其重要性仅次于延安。

临沂根据地的存在令蒋介石寝食难安，必要除之。于是他紧急调集三十万兵力，组织"鲁南会战"，进攻临沂、蒙阴根据地。国民党军分两线部署：南线由第十九军军长欧震指挥八个整编师，为主要突击兵团，自台儿庄、新安镇、城头一线分三路向北，沿沂河、沭河向临沂进攻；北线以"第二绥靖区"中将副司令李仙洲为首，指挥六万官兵，自淄川、博山、明水（今章丘）等地南下莱芜、新泰策应。

蒋介石的如意算盘是：南北两路人马组成钳形夹攻、四面合围态势，把华野主力围困在临沂、蒙阴，最后围而歼之，完全占领山东解放区。在徐州坐镇指挥的国民党军参谋总长陈诚对这一部署非常得意。他说："即使我的部队全是豆腐渣，也能胀死共军。"气焰十分嚣张。

敌人大兵压境，当时战场形势对华野十分不利。首先在兵力上，敌我双方比较悬殊，华野20多万人，敌方30多万人；其次，鲁南战役中，我军顽强拼搏，有不少伤亡，部队需要休整；再次，敌方南线的指挥官欧震是一位久经沙场的指挥官；更重要的是，国民党军队的武器精良，我军装备与之相比，相形见绌。

根据中央军委指示，结合敌情，华野认为，临沂是山东解放区行政中心，首当其冲成为敌人攻击的主要目标。敌人要攻克，我方要坚守。

1947年1月31日，欧震率南线国民党军开始北犯，准备进攻临沂。而华野也做好了应战准备。

而让华野没想到的是，他们等了很长时间，总是不见欧震到来。这是怎么回事？原来，欧震与粟裕战场上交手多年，对对方的战术都很熟悉。

✕　1947年12月，三路大军会师后，粟裕（右）、陈赓（左）共同研究联合作战计划。

当粟裕得知欧震分成三路人马，便计划分而歼之。可粟裕没想到，欧震的三路人马，不求速胜，每日推进速度不及10公里，采用"齐头并进，稳扎稳打，避免突出"的战术。三路人马并列前行，无论我方打哪一路，另外两路都会增援。

欧震就这样慢慢往临沂靠近。粟裕在临沂左等右等，欧震都不来。就在这个节骨眼儿上，又传来一个不好的消息，国民党军北线的李仙洲率近6万官兵，往南急行，很快就要到莱芜了。面对战场上突如其来的变化，华野怎么办？

在这关键时刻，华野收到中央军委电报，其中有一句"必要时可以放弃临沂"。真是石破天惊的一招！若我方主动撤退，就算让欧震占领临沂了，也只是空城而已。而华野却可趁机悄悄北上，神不知鬼不觉，给正在急速南来的李仙洲大部队布个口袋阵，围而歼之。

华野迅速调整作战方案："舍南求北，隐真示假。"接下来的战争态势，完全按照我军计划而进行。华野只留一个纵队在临沂，迷惑、阻击姗姗来迟的欧震军队。而我军主力部队立即秘密开拔，向北寻找李仙洲。

此时的李仙洲要赶到临沂还需要几天时间。他认为，欧震的南线离临沂近，华野要先与欧震交上火，才能保住临沂。等他们打得差不多了，自己再从北方扑上来，最后夺取临沂。所以，李仙洲一开始很迅速，只是为了赶到莱芜休整。让他做梦都没想到的是，华野会放弃临沂，暗中掉转枪口，专门向北对付他。

1947年2月22日。华野采用黄昏时开始急行军、太阳出来后修整的方式，秘密向李仙洲所部靠近。在莱芜遇上了李仙洲主力后，悄悄设下埋伏。当李仙洲发现时，华野主力部队已将莱芜城团团包围，他已无力回天。

莱芜战役，双方激战三天三夜才结束。华野在此次战役中取得了重大胜利，敌军副司令官李仙洲被活捉。

得此惨败消息，时任国民党第二绥靖区司令官王耀武说过一句话："5万多国军，3天就被消灭光，就是放5万头猪，叫共军抓，3天也抓不完啊！"王耀武毕业于黄埔军校，是国民党陆军中将。他曾是令日军闻风丧胆、令人敬仰的一代抗日名将，可在内战中，他遇到了命中的克星粟裕。他觉得副司令李仙洲如此惨败是奇耻大辱，可他自己也好不到哪儿去。莱芜之战一年半后，华野在粟裕统一指挥下，发动了济南战役，王耀武兵败，化装后逃出济南城，行至寿光境内，被解放军俘虏了。

那么，已夺取临沂的欧震，为何没有率部队来救李仙洲呢？

只能说战争开始太快，结束也太快，当欧震以为打败华野、占领临沂并向上级报喜时，却意外发现，打了半天，守卫临沂的只是华野的一个纵队，华野大部队早就秘密行军到莱芜，围歼了李仙洲。莱芜已无利可争，欧震怎敢来增援？焉知我军有没有设置陷阱或埋伏？

莱芜战役中，不到3天时间，华野以伤亡6000多人的代价，一举歼灭国民党军第二绥靖区所属七个师（旅），俘国民党第二绥靖区副司令长李仙洲等高级将领，缴获各种火炮414门、轻重机枪1869挺、长短枪支1.57万支、枪炮弹30多万发、汽车56辆，以及大批军用物资，彻底粉碎了国民党南北会师侵占整个山东的"鲁南会战"计划。这一战役俘敌数量之多、歼敌速度之快，创造了解放战争开始以来的最高纪录。莱芜战役是中国人民解放军作战史上运动战的光辉范例，是世界军事史上100个经典战例之一，电影《南征北战》《红日》都是以莱芜战役为原型拍摄的。

军争之法：先知迂直之计者胜

孙子说，用兵之法，从主将受命于国君，集合军队，再到两军对垒，这中间最困难的事，就是两军抢争先机。其困难之处在于，怎样将迂回的弯道变为直径，将不利变为有利。（"凡用兵之法，将受命于君，合军聚众，交和而舍，莫难于军争。军争之难者，以迂为直，以患为利。"）

在著名的莱芜战役中，"迂直之计"用得最为精彩。首先是"示形于敌"，战役初期，国民党军队企图南北夹击华东野战军，其中南线的欧震所部向临沂方向进攻。为了吸引并牵制南线的国民党军主力，华野采取了佯攻策略，营造出誓死保卫临沂，并在临沂与敌决战的假象，然后决定放弃临沂，避实击虚，指挥主力部队秘密北上，快速机动至莱芜地区，出其不意地包围北线国民党军，通过这种看似曲折但实际上更直接有效的战略行动，华野成功地避开了国民党军在南线的优势兵力，直击其北线李仙洲所部这一相对薄弱环节。这次奇袭莱芜的行动，正是对"以迂为直"的精妙运用。

兵以诈立

"兵以诈立"是孙子关于"兵者诡道"战略思想的延续。孙子强调：用兵打仗，必须依靠诡诈多变来争取成功，依据是否有利，来决定自己的行动。

战役初期，华野故意在南线与欧震所部激战，并表现出死守临沂的决心，这实际上是一种假象，目的是吸引欧震所部的注意力。这种表面上的坚持，实则是在为掩护我主力部队潜行莱芜创造有利条件。

当国民党军认为华野将重点防守临沂时，华野主力部队却秘密北上，迅速而隐蔽地向莱芜地区集结，这正是"兵以诈立"的具体体现，通过欺骗和伪装，使得李仙洲所部对华野的真实意图和位置产生误判。

当华野完成对莱芜的包围时，李仙洲所部猝不及防，未能及时调整部署，组织有效防御。华野趁敌军毫无准备之时，迅速发起打击，一举击溃李仙洲所部，充分体现了"攻其无备，出其不意"的战术。

总之，在莱芜战役中，"兵以诈立"的战略思想得到了充分的实践和运用，华东野战军以此为基础成功实现了对国民党军队的战略误导和突袭，最终取得重大胜利。

四治与八忌

孙子在《军争篇》中提出了"四治"理论，即治气、治心、治力、治变，对部队士气、心理、力量及应对变化等方面进行了分析。孙子说，对于敌军，可挫伤其士气；对于敌主将，可乱其心智。打仗初期，兵卒士气饱满，继而怠惰，终则衰竭。故良将用兵，总会避其锐气，等敌方士气懈怠或衰竭时，再去攻击他，这是掌握士气的用兵之法。以严谨对混乱，用镇静对骚动，这是掌握军心的手段。在附近设置埋伏打击敌人，这就是以近待远、以逸待劳、以饱待饥，牢牢掌握战场的主动权。但是，对于旗帜整齐的敌人不要打，阵容强大的敌人不要硬拼，战术上需要灵活机变。（"故三军可夺气，将军可夺心。是故朝气锐，昼气惰，暮气归。故善用兵者，避其锐气，击其惰归，此治气者也。以治待乱，以静待哗，此治心者也。

以近待远，以逸待劳，以饱待饥，此治力者也。无邀正正之旗，勿击堂堂之陈，此治变者也。"）在莱芜战役中，华野充分运用"四治"理论，取得了显著的战略战术优势。

孙子还提出了"八忌"的用兵法则，即"高陵勿向，背丘勿逆，佯北勿从，锐卒勿攻，饵兵勿食，归师勿遏，围师必阙，穷寇勿追"。华野在战役中的决策与行动，大部分体现了这一用兵之法。比如"锐卒勿攻"，面对南线的欧震主力部队，华野没有直接硬碰，而是避其锋芒，通过调动和集中优势兵力，对军力较为薄弱的北线李仙洲部发起了进攻。

对于"围师必阙"（包围敌人时要虚留缺口，不要完全围死敌人），很多人有不同看法。他们担心围师必阙，可能会造成"放虎归山"的后果。其实，"围师必阙"并非简单地放敌人一条生路。这一策略背后蕴含了更为深刻的军事和心理智慧。首先是瓦解和分化敌军，当被包围的军队发现有一线生机时，可能导致敌军内部产生分歧：一部分人主张坚守，另一部分人主张突围，这会滋生恐慌和混乱；其次是诱敌出击，留下的缺口可以作为一个战术陷阱，引诱敌军从该处突围，然后在预设好的伏击点进行突然打击；若不给敌人留条出路，他们可能会因绝望而拼死抵抗，造成我方更大的伤亡。相反，留有缺口可以降低敌人的抵抗意志，有利于我方以最小代价取胜；更重要的一点，就是为敌方投诚、起义的将士及我方的卧底等设置一个安全通道。

在莱芜战役中，国民党军高层里就有一个我方的卧底，他就是被誉为"孤胆英雄"的国民党第四十六军军长韩练成。莱芜之战中，华野就是通过韩练成获取了国民党军的作战情报。在莱芜战斗中，通过我军包围圈的缺口，韩练成在战场上"失踪"了。新中国成立后，韩练成任原兰州军区第一副司令员，被授予中将军衔。

PART 08

九变篇：将通九变之地利者，知用兵矣

　　四渡赤水战役，被称为"兵家之绝唱"，是世界军事史上的经典战例。从战略思维与决策角度分析，四渡赤水充满了唯物辩证思想，其化解危机、绝境重生的战争艺术，至今仍具有深远的历史意义和现实意义。

　　红军长征从江西出发时，有8.7万人（《红军长征·文献》，解放军出版社1995年版），一路西进，进攻未曾碰敌人二道封锁线，到达湘江时，兵力尚有6.5万人。而"虽然突破了敌人第四道封锁线，渡过湘江，却付出了惨重的代价，人员折损过半"（刘伯承《回顾长征》），红军只剩3万多人。

　　红军最初计划是往湘西，与贺龙、萧克的红四、红六军团会师。湘江之战后，蒋介石已得知红军战略意图，遂调集40多万兵力沿途设伏，严阵以待。死里逃生的这3万红军，将何去何从？

四渡赤水，"兵者诡道"登峰造极的运用

　　在此危急关头，毛泽东提出，蒋介石的口袋阵，我们不能往里钻，可

改道去贵州，那里敌人兵力薄弱。

毛泽东的主张得到了大多数同志的赞同。1935年1月7日，红军一举攻克黔北重镇遵义城，1月15—17日召开了具有转折历史意义的遵义会议。红军进入黔北后，蒋介石立即判断中央红军的去向有两种可能：一是北渡长江与红四方面军会师；二是东出湘西与红二、红六军团会师。不管去哪里，蒋介石已制订了周密的"川南围剿计划"，誓要把3万多红军扼杀在川江南岸一带。

此时的红军，再次面临着蒋介石的围追堵截，到处都是天罗地网，插翅难飞。

一渡赤水，挥师川南

在遵义会议上，中革军委做出了北渡长江与红四方面军会合、到川西或川西北建立根据地的决定。红军若要北渡长江，行军最短的距离就是从遵义向西北方向，渡过赤水河，在泸州附近北渡长江。此为捷径。但蒋介石不会让红军轻松过江。

北边，是长江天堑，由四川军阀刘湘调集川军封锁长江；东边，是乌江天险，以湘军刘建绪的四个师进至乌江东岸布防；西边，是金沙江，以滇军龙云率参谋长孙渡布防；南面，以中央军薛岳率领吴奇伟、周浑元两个纵队部署于贵阳等地，以黔军王家烈部渡乌江尾追红军。

国民党军合计兵力在40万左右，武器先进，有空军支持；中央红军只有3万多人，枪支弹药奇缺，面临着以一对十的危险态势。红军要摆脱重重包围圈，谈何容易。

遵义会议后，成立了由毛泽东、周恩来、王稼祥组成的三人军事小组，全权指挥军事。

赤水河发源于云南省镇雄县，一路东流，至茅台镇，急转弯流向西北方向，经四川合江县注入长江，大部分河段成为四川南部与贵州西北部的天然分界线。

1935年1月19日，红军离开遵义，兵分三路，向赤水河挺进。1月21—27日，红军全部到达赤水河以东的土城镇，在镇东一处叫青杠坡的高地，遇敌交火。可是，红军越打越奇怪，明明把敌人打下去了，不一会儿四周又有无数敌人源源不断地冲上来，怎么打也打不完，红军越来越被动。

在情况最紧急的时刻，毛泽东又命令陈赓、宋任穷率领军委干部团发起冲锋。干部团世称红军中的特种兵，军事技术好，战斗力强，以猛虎下山之势冲向敌人。动用精锐"干部团"，就相当于把红军家底都拿出来了，可想而知，土城之战何其激烈、惨烈。后来才知，红军情报有误：原以为只有四个团六七千人，实际上却是六个团一万多人。这还不算，后面还有川军四个旅，正向红军扑来。红军面对的这个劲敌，正是川军名将郭勋祺。郭勋祺是四川军阀刘湘爱将，时为刘湘王牌教导师第三旅旅长。

✕ 贵州遵义土城青杠坡战斗遗址

毛泽东发现问题后，立即召回正在攻打赤水县城的林彪红一军团，急速增援土城，然收效甚微。面对郭勋祺川军的前阻后追，中央红军已到了生死存亡的危险时刻。毛泽东果断下令，避敌锋芒，立即撤出青杠坡战斗，红军立即行动，在猿猴场（今元厚）、土城南北西渡赤水河，是谓一渡赤水。

　　毛泽东西渡赤水河的目的很明确，先保存实力，过了赤水河，向古蔺、叙永地区前进，寻机北渡长江。郭勋祺驱红军到赤水河西岸后，为保存自己的实力并未追赶。另外，红军过了赤水河，浮桥立即焚毁，东岸川军一时无法渡河。

　　因成功阻击红军，郭勋祺晋升师长。新中国七个元帅、二百多个将军曾在土城轮番上阵，却未能取胜。郭勋祺未过赤水追赶红军，还有个重要原因，红军当中，有两个他敬仰的人：陈毅与刘伯承。三人是四川老乡，早年相识，私交甚好。1948年7月，解放军进攻襄阳，郭勋祺被俘，受到我军优待。作为战犯，他没有进功德林监狱改造，而是回到国民党内部，进行策反，促成了成都5个师起义。

╳ 贵州省遵义市赤水河

二渡赤水，再战遵义

1935年1月29日，中央红军全部渡过赤水河，即向叙永县城发起猛攻。驻守叙永的川军以逸待劳，红军连攻三天三夜，未克，而敌援军正源源不断向叙永靠近。

无奈之下，毛泽东只好放弃北渡长江的计划，来到云南境内敌军力量薄弱的扎西（今威信）。此时，红军连续苦战，精疲力竭，且已无路可走。往北走，是长江天堑，川军把守；往西和往南，滇军跟川军一样，害怕红军进入自己的地盘，必拼死阻击，加上薛岳的中央军，红军几无胜算。那么，就在扎西一带打游击呢？扎西为苦寒之地。时值冬季，大雪纷飞，给养困难，大军难以长期驻扎。眼前最紧要事，就是如何跳出敌人的四面合围。

✕ 四渡赤水纪念塑像

蒋介石密切关注红军去向，各路情报都报告说，红军在扎西集结。蒋介石判断，红军要北渡长江。于是加强围剿兵力，计划在扎西把红军一网打尽。

就在红军走投无路之际，毛泽东说出了最新行动计划：1.将计就计。蒋介石不是说红军要北渡长江吗？那就派少数人马，大造声势，说红军要北渡长江，吸引敌人各部往北围剿要"渡江"的红军，实质是掩护红军主力东移，二渡赤水；2.出敌不意，杀个回马枪。敌人各部都来围困扎西，后方很空虚。我们找个软柿子下手，那就是遵义。

计划已定，迅速行动。1935年2月11日，中央红军分三个纵队由扎西出发，分别由四川古蔺县的太平渡、二郎滩、九溪口东渡赤水河，向黔北的桐梓方向挺进。是谓二渡赤水。

三渡赤水，诱敌入川

中央红军主力二渡赤水后，立即向遵义方向迅猛推进。红军在5天之内，取桐梓、占娄山关、二夺遵义城，势如破竹。此战，红军共击溃和歼灭敌人两个师又八个团，缴获大批军用物资，取得长征以来最大的一次胜利。毛泽东很高兴，写了《忆秦娥·娄山关》。

二渡赤水，虽然红军取得了娄山关、遵义大捷，但整个战局中，红军所处的危险态势并未改变。蒋介石震怒，再次调动大军，向遵义扑来。红军又一次面临绝境：前无进路，后无退路。多路追兵迫近，蒋介石企图围歼红军于遵义、鸭溪地区。也就是说，红军无论走到哪里，敌人都会重新组织包围圈。

彻底摆脱敌人的围追堵截，跳出敌人的包围圈，这才是红军得以生存的唯一希望，也是毛泽东苦苦寻思要破解的谜局。如果一渡赤水、二渡赤水都是被动撤退、侥幸突围的话，那么，被世界军事家津津乐道的、被誉为毛泽东军事指挥艺术"神来之笔"的三渡赤水则是主动出击。为彻底摆脱蒋介石的重重包围圈，毛泽东精心设置了中外战争史上一个旷世奇局。

蒋介石一直坚信，红军孤立无援，除了被包围剿灭，只有一条路可走，那就是北渡长江，与红四军团会师。毛泽东决定，继续将计就计，摆出向西挺进、渡江入川的样子。

当时，中央红军的主力部队驻扎在遵义西南方向的鸭溪镇。在鸭溪镇西北40公里处，有个叫鲁班场的地方，由国民党中央军周浑元控制。鲁班场自古是兵家要地，从茅台镇通往打鼓新场（今金沙县）的运盐古道就经过这里。

毛泽东下令攻打鲁班场。在所有人看来，这无疑是拿鸡蛋碰石头，周浑元以逸待劳，构筑大量堡垒，光梅花形碉堡就有70多座，摆出长期与红军对峙的架势。

红军高层也有不同看法，毛泽东一直讲究避实击虚，那又为什么打鲁班场的周浑元呢？

毛泽东打鲁班场，仍是造势，目的是使蒋介石更加确信，红军要突围北渡长江。因为鲁班场就在赤水河南岸，过了赤水往北，可进入川南。红军与周浑元硬碰硬大战一天，毛泽东见造势的火候已足，立即下令撤出战斗，连夜奔赴东北方向的茅台镇。正如毛泽东所愿，兵力多、武器精良的周浑元怕红军有埋伏，不敢贸然追击，只固守鲁班场。

1935年3月16—17日中午，红军各部在茅台镇大造声势，第三次渡过赤水河，向西进入川南古蔺、叙永地区。同时派一个团，伪装红军主力，继续向西北挺进，到处写标语，做宣传，好像真的要北渡长江。而红军主力，则隐蔽在古蔺县东部茂密的丛林里。

✕ 茅台镇赤水河红军桥

✕ 古蔺县周围的密林

蒋介石果然上当，他坚信红军又要北渡长江，急调各部，迅速奔集古蔺。蒋介石对自己"料敌如神"颇为得意，声称："剿匪成功，在此一举。"否则"何颜再立于斯世？"

四渡赤水，威逼贵阳

正当蒋介石调集各部大举西进的时候，毛泽东突然指挥红军主力向赤水河靠近。1935 年 3 月 21 日晚，红军分别从二郎滩、九溪口、太平渡再次东渡赤水，是谓四渡赤水。

红军突然东渡赤水，使蒋介石惊慌失措。他判断红军又要进攻遵义，于是再度调兵，包围红军。蒋介石甚至由重庆飞抵贵阳，就近督战，决心要将红军围歼于遵义、仁怀地区。红军真的要三打遵义吗？确实打了。不过，毛泽东只派了红九军团在长干山和枫香坝（今仁怀市长岗镇、播州区枫香镇）一带佯装主力，西线调敌、诱敌北向，红军主力却越过遵义向南急行。28 日，红军主力由鸭溪、白腊坎之间突破敌人封锁线，冒着狂风暴雨，进入乌江北岸的沙土、安底地区。31 日，红军分路由江口、大塘、梯子岩等处南渡乌江，歼灭守敌和援敌各一个营，继续向南，进至息烽西北地区。

蒋介石得到红军渡过乌江的消息，一下子蒙了：息烽到贵阳，也就百来里地，红军的目标原来是贵阳啊，这不是冲着我来的吗？蒋介石的大部队都还在川南地区，贵阳周边空虚，"打到贵阳、活捉蒋介石"的标语、传单满天飞。贵阳周围风声鹤唳、草木皆兵。蒋介石立即打电话给昆明的龙云，要他派兵"救驾"，同时命令守兵死守机场，并准备轿子、马匹和向导，准备随时逃跑。滇军孙渡纵队急行军，三四天走了 200 公里路，真的赶到了贵阳，然后被派去保护机场。

毛泽东后来回忆，当时威逼贵阳的目的，是想把云南的滇军调出来，他说："只要能将滇军调出来就是胜利。"

毛泽东调虎离山、声东击西，使用了种种战术手段，其根本目的，还是前往川西与红四军团会师。既然北渡长江行不通，那就反其道而行之，走一条西南方向的路，即从遵义向南，经贵阳、昆明，然后向北渡金沙江、大渡河。这是一条难以想象的大迂回路线，行程上千公里。虽然绕了一个很大的圈，但好处是，甩掉了敌人主力的围追堵截，跳出了敌人的包围圈，把战争的主动权牢牢控制在自己的手中。

毛泽东设置了几个诱敌方案：佯装攻打遵义，还曾派小股兵力到清水江架浮桥，虚张声势，让敌人误以为红军要东进湘西，会合红二、红四军团。然后威逼贵阳，再逼近昆明。种种手段，就是为了调开敌人的主力，扫清沿途障碍。

当中央红军主力部队离开昆明，向金沙江边靠近时，蒋介石才如梦初醒，但为时已晚。此时的红军早就将几十万国民党主力部队远远甩在身后。尽管沿途还有金沙江、大渡河等天险，但对于越战越勇的中央红军来说，已无足称道。

作战指挥：战场处置的灵活机动与随机应变

《孙子兵法》中的"九变"，主要讲述了在复杂的战场环境下，为将者应如何灵活应对突然发生的变化，根据不同情况做出战术和战略调整，确保军队立于不败之地。四渡赤水战役，作为中国工农红军长征中的关键一役，充分体现了《孙子兵法》中的"九变"的理论精髓。

对"九变"的理解，历来不同，大体分两类：一是把"九"当成约数，九变，即千变万化之意；一是把"九"当成实数，即《孙子兵法》中的"圮地无舍，衢地合交，绝地无留，围地则谋，死地则战，途有所不由，军有所不击，城有所不攻，地有所不争，君命有所不受"。但孙子列出了十种情况，与"九"不符。

战场上瞬息万变，岂九变所能涵盖。变，即机变，机动灵活，千变万化。无论战场情况如何变化，都是对"为将者"的要求。孙子在本篇中，旨在强调战争中的主将，应具备敏锐的判断力和决策能力，根据战场瞬息万变的情况，灵活机动赢得战争的胜利。

五地之策

五地之策为圮地、衢地、绝地、围地、死地。孙子说，在"圮地"上不可宿营，在"衢地"上应结交邻国，在"绝地"上不可停留，在"围地"上要巧设奇谋。在四渡赤水战役中，毛泽东灵活运用《孙子兵法》中的"五地之策"，巧妙地带领红军在极端困难和复杂的环境中取得了战略主动。

圮地是指地形险恶、难以通行的地方。在四渡赤水的过程中，面对川、滇、黔边境复杂多变的山地丛林和河流险阻，红军没有选择在不利地形上过多停留或进行战斗，而是快速通过并不断变换行军路线，避免了因地形不利导致的损失。比如，红军一渡赤水之后在扎西整编，扎西地区是一片苦寒地带，不但四面危机重重，后勤补给也跟不上，这样的地方不宜久留，毛泽东当机立断，撤出扎西。

衢地是交通要冲之地，有利于结交盟友和利用矛盾。毛泽东在四渡赤水期间，充分利用了国民党内部各派系间的矛盾，以及与地方军阀的矛盾，适时调整策略，确保红军能够在川、滇、黔等不同地域间顺利穿插转移。

绝地指断粮缺水、生存条件恶劣之地。在长征过程中，红军多次遭遇物资匮乏、环境艰苦的困境。在这样的情况下，毛泽东果断决策，不恋战、不停滞，迅速通过绝境，并寻找新的立足点和补给来源。比如，曾导致太平天国翼王石达开全军覆灭、位于大渡河中游南岸的安顺场等，都属于绝地。毛泽东想方设法也要离开。

围地指的是被敌人包围或可能形成包围圈的地区。当红军面临国民党军队的重重包围时，毛泽东展现出高超的战略智慧，通过频繁调动和出其不意的战术行动，如二渡、三渡、四渡赤水等，成功突破敌人的包围圈，摆脱了被动局面。

死地是指退无可退、必须殊死一搏的境地。在四渡赤水战役的关键时刻，红军虽多次陷入看似死地的危险情况，但毛泽东始终保持冷静，灵活指挥，在必要时坚决抵抗，同时寻找机会跳出包围圈，使红军最终从死地中找到生机，赢得了宝贵的喘息时间。

四渡赤水战役充分体现了毛泽东具有高度智慧的军事思想，面对各种复杂地理环境和严峻军事形势，能够准确判断、灵活应变，将五地之策运用得淋漓尽致，从而在不利条件下取得战略上的主动权。

杂于利害，因敌制变

　　《九变篇》的核心思想之一"杂于利害"，杂，糅合之意，这是一个辩证关系，意思是说，利弊是相互转化的。在《九变篇》中，孙子强调，为将者应根据实际情况，灵活处理战争中的瞬息万变，把握有利和不利条件，合理利用敌人和我方的优势与不足来实现战略目标。在四渡赤水战役中，毛泽东面对国民党军队40万大军的围追堵截，因敌制变，多次灵活变换行军路线和作战计划。

　　比如，充分利用国民党内部矛盾和指挥不协调，以及对红军实力的误判，不断调整战术布局，使得敌人无法准确预测红军的动向和意图；结合

✕ 贵州省遵义市娄山关景区

川、滇、黔三省复杂的地理环境，红军巧妙地利用山川河流等地形特点，数次穿越赤水河，通过声东击西、避实就虚的方式，成功摆脱敌人的包围；取舍有度，在关键时刻，毛泽东权衡利弊、审时度势，主动放弃一些地域以换取战略上的主动，避免陷入被动。比如四渡赤水之后，红军一路南下，放弃攻打遵义、贵阳、昆明等地，同时抓住时机进行反击或转移，充分体现了"杂于利害"的智慧。

为将者的五个致命缺点

为将者，可能存在的5种致命性弱点或错误倾向，分别是"必死可杀，必生可虏，忿速可侮，廉洁可辱，爱民可烦"。意思是：若只知拼死蛮干，就可能被敌人诱歼；贪生怕死，则易被俘虏；急躁易怒，易受敌人挑逗而陷入圈套；廉洁好名，过于自尊可能会因被辱而失去理智；过分溺爱民众，就可能因被敌烦扰而陷于被动。

四渡赤水战役中，毛泽东作为红军的最高军事指挥者，巧妙地运用了"九变"思想，面对敌我力量悬殊、环境险恶的情况，不拘泥于预定计划，灵活变换作战方向和节奏，成功地避实击虚，多次转移，最终跳出国民党军队的重重包围。例如，在战略决策上避免了"必死"与"必生"的两极困境，通过高度机动的战略转移和随机应变的战术安排，实现了从被动到主动的转变。

因此孙子说，那些通晓随机应变并运用自如的将领，必然是用兵的良将。

PART 09

行军篇：处军相敌，决胜千里之外

北魏是中国南北朝时期北方的一个重要政权，其统治范围覆盖了中国北方大部分地区。公元534年，由于权臣高欢与孝武帝之间的矛盾激化，北魏最终分裂为东魏和西魏两个对立的政权。东魏以邺城（今河北临漳县）为中心，由权臣高欢实际控制，并拥立孝静帝元善见为傀儡皇帝。

西魏则以长安（今西安）为中心，由另一权臣宇文泰控制，拥立元宝

✕　邺城复原沙盘

炬为帝，即西魏文帝，同样形成了君弱臣强的局面。

东、西魏分立后，双方围绕领土、资源以及对中原地区的控制权，展开了长期激烈的争斗。

沙苑之战：20万大军是如何覆没的

公元537年，西魏丞相宇文泰利用东魏内部矛盾，率军向东进发，攻占了恒农（今河南三门峡西）这一战略要地，切断了东魏部分补给线，进一步威胁到东魏的腹地安全。

面对西魏的攻势，东魏丞相高欢派遣大将高敖曹率领一部分兵力进攻恒农，同时亲率主力20万大军从蒲坂（今山西永济）渡过黄河，直指关中，企图通过大规模军事行动，一举击败宇文泰及其所领导的西魏军队，恢复东魏在关中的影响力。

为阻止高欢西进，宇文泰命部队在渭水上搭建浮桥，亲率轻骑7000人北渡渭水，进入距东魏军60里的沙苑（今陕西大荔南）安营扎寨，然后派人化装成当地农民，潜入东魏军营附近侦察敌情。情报显示，东魏军有20万兵力，根本没把西魏军放在眼里。于是，西魏军部将李弼建议，利用眼前十里渭曲沙丘起伏、沼泽纵横、芦苇丛生的地形，布设伏兵，诱敌深入而伏击聚歼，宇文泰表示赞同，遂依计而行。

东魏主将高欢一听说西魏军已进至沙苑，而且只有区区7000人，不屑一顾。于是，在没有认真准备、没有认真侦察的情况下，率领20万大军前来与宇文泰决战。

北朝骑马俑

　　东魏大军行至渭曲（陕西省大荔县东南）附近，大将斛律羌举见渭曲沼泽、沙丘伏起，茂密的芦苇纵横于沼泽深处，地形十分复杂，便向高欢建议，留部分兵力在沙苑与宇文泰相持，另以精兵西袭长安，直捣宇文泰的老巢。

　　但是，高欢仗着拥有20万大军，根本听不进大将斛律羌举的良言。高欢提出放火烧芦苇，以火攻的办法攻击西魏军。但他的部将侯景提出异议："我们应当活捉宇文泰游街示众，若火烧芦苇，万一把他烧死，不好辨认，谁能相信呢？"另一个部将彭乐也附和说："以我军兵力，几乎是以一百个对他们一个，还怕打不赢？"（《资治通鉴》）

　　在几个部将的盲目乐观与自信面前，高欢更加膨胀，放弃了火烧芦苇的想法，立即下令，进入沼泽沙丘，捉拿宇文泰。东魏军自恃兵多势众，毫无队形，混乱地深入了芦苇荡。

　　西魏军宇文泰早已等候多时，他派出人员化装成当地人潜入东魏军营附近，进行侦察。待东魏军进入包围圈后，西魏军擂鼓出击，骑兵从左右两翼猛烈冲击东魏军，将其截为数段。东魏军遭到突然袭击，本来混乱的队形更加混乱不堪，在如此陌生、复杂的地形里，根本无法展开战斗，疲于应战，最后甚至自相践踏。

西魏军趁势拼死奋战，杀东魏军6000余人，俘敌8万。其余东魏军大败溃散，高欢仓皇逃至蒲津，渡河东撤。

渭曲之战算不上大的战役，但西魏军主将宇文泰以及东魏军部将斛律羌举经验丰富，他们一眼就看出渭曲芦苇荡的凶险与深不可测，这就是真正军事家"处军相敌"的本领。

行军：处军相敌的经验之谈

行军，"行"是使用、行使之意。"行军"指在执行战斗任务时，指挥部队、处置军情。在现代军事术语中，"行军"通常指部队从一个地点到另一个地点的移动过程，包括有序、有组织地步行、乘车或乘机等机动方式。这一过程中，军队需保持编制完整，维持纪律，并确保战斗力不被削弱。

孙子的"行军"，虽也有现代意义，但更多强调的是，军队在战场环境下的调动和行动策略，涉及选择行进路线、速度控制、利用地形、隐蔽意图以及应对突发情况等方面。"行军"二字体现了孙子关于行军作战的智慧，传达出一种高瞻远瞩的战略视野，表明军事行动的成功，不仅在于眼前的战术对决，更在于深思熟虑、运筹帷幄的长远布局。

处军：不同地形条件下作战部阵法

孙子列举了在各种不同地形条件下的处军原则，部署军队、侦察敌情时切记："绝山依谷，视生处高，战隆无登，此处山之军也。绝水必远水；客绝水而来，勿迎之于水内，令半济而击之，利；欲战者，无附于水而迎客；视生处高，无迎水流。此处水上之军也。绝斥泽，惟亟去无留；若交军于斥泽之中，必依水草而背众树，此处斥泽之军也。平陆处易，而右背高，前死后生，此处平陆之军也。"

经过山地，须靠近有水草的山谷，宿营须在向阳高地。敌方占领高地，切忌仰攻，此乃山地战布阵法。大军渡河后，必须远离水流扎营。若敌方渡河来攻，切不可在岸边迎敌，要等敌人渡过一半，至深水处再打击，可大胜。若与敌方交战，切不可让我军背对江河。在江河附近扎营，也要选在上游高地，不要安营在下游，此水边作战布阵法。在沼泽附近行军，要迅速，切勿停留。若此时遇敌，可设法近草倚树，这是在沼泽地行军作战法。在平原地带扎营，以背靠高地为上策，前低后高，此为平原行军作战法。

在沙苑伏击战中，一片沙丘与芦苇地，地形如此复杂，即使东魏军拥有20万大军，也不敌西魏军区区7000兵卒。

相敌：择地而处，相机而行

在古代战争中，"相敌"是指挥官获取战场主动权的关键环节之一，是指通过观察、分析和判断敌人的状态、意图、兵力部署以及可能的行动方向，从而制定出针对性的战略战术。作为指挥者，判断敌情需从地理环境入手，山地、河川、沼泽、平原等地理条件不同，相应的作战方案也不同，若充分发挥地形优势，在战斗中定然能增加我方的战斗力。

结合沙苑伏击战来看，西魏丞相宇文泰充分运用了"相敌"的智慧。在战役开始前，宇文泰派出人员化装成当地农民潜入东魏军营附近进行侦察，掌握了东魏军队轻敌且未对地形足够重视的信息。得知东魏军依仗兵力优势，轻视西魏小股部队，宇文泰准确判断出敌方将领高欢可能会急于求战的心理特点。

通过对渭曲地区复杂地形的深入了解与充分利用，宇文泰选择了沙丘起伏、沼泽纵横、芦苇丛生的地方设伏，这样的地形不利于大部队展开战斗，但利于小规模精锐部队实施突袭和分割包围。宇文泰故意露出破绽，让东魏军队误以为有机可乘，引诱他们进入预设的战场，从而陷入精心设计的包围圈。当东魏军主力进入包围圈后，宇文泰抓住时机果断出击，以少胜多，成功击败了人数远超己方的东魏军队。

宇文泰将孙子的"相敌"原则运用得淋漓尽致，通过精准的情报收集、对敌方心理的洞察以及对地形的巧妙利用，最终取得了决定性的胜利。

再看东魏高欢，虽拥有绝对的兵力优势，但他在"行军"过程中忽视了对地形和敌情的准确把握，过于自信且不听从部下斛律羌举关于避开不利地形、直取长安的战略建议，最终导致惨败。

PART 10

地形篇：地有六形，兵有六败

1941年5月，在河北省枣强县南部，八路军冀南军区新编第十旅第十九团，在娄子镇进行了一次著名的军事行动。

娄子镇是枣强县的一个大集镇，交通便利。从1939年起，日军就在娄子镇建立了据点，经常外出袭扰。我八路军曾几次袭击过这个据点，均未

✕ 河北省邢台市八路军总部所在地

攻克。这是因为日军利用炮楼和碉堡掩护，我军轻重武器都不起作用。日军见八路军攻克不下，就更加猖狂，频繁下乡扫荡，致使我冀南抗日根据地遭敌疯狂蚕食，形势日益严峻。

为了打击日军的嚣张气焰，第十九团决定，坚决拔掉娄子镇的日军据点！十九团是整个冀南军区最老、战斗经验最丰富的部队。由于前几次攻克娄子镇失利，十九团决定，这一次认真总结经验，一举拿下娄子镇。

日军娄子镇据点处境孤立，一旦战斗打响，短时间内除大营镇据点的日军来援，其他日军难以迅速抽调较大兵力进行增援。日军守备兵力较少，我军力量可以形成绝对优势；最关键的一点是，镇内有我党的地下组织，日军的伪维持会里也有我党卧底：维持会会长魏子阳，是表面应付敌人、暗中积极抗日的爱国人士；副会长王保福是共产党员。他们每天和日军打交道，对敌情了如指掌。

娄子镇据点守军由一个小队18名日军和30多名伪军组成。日军武器有轻、重机枪各一挺，掷弹筒一具。据点工事坚固、粮弹充足。娄子镇据点守军所属的中队部驻扎在距此地东南6公里的大营镇。

日军据点是一个有围墙的大院，日军分成两部分，分住在前后院。小队长住在前院东的一个小院内。大院内有两座碉堡。伪军在日军东北侧的另一个院子。由于这个时期我军活动频繁，日军相当紧张，夜间日军全部上碉堡巡逻，天亮后换上伪军，日军回营房休息。每天由伪维持会派民夫为其扫地、担水及修整工事。

地下党提供的这份情报非常详细。第七旅旅长易良品和第十九团团长黄光霞，立即拟定了行动方案，报请冀南军区司令员陈再道（开国上将）批准，立即展开了一系列的具体准备工作：从全团挑选15名擅长独立作战，并精于枪法的干部战士组成突击队，配发最好的手枪和子弹，要求在

5—10分钟全歼鬼子，拔掉据点。

尽管对日军据点内的各种位置、布置已经十分了解，但根据陈再道司令员的要求，要知己知彼，战前要进行必要的演习。这一次，陈司令员亲自到第十九团检查准备情况，并观看了突击队的演习。为了使演习逼真，第十九团在村边找来一栋类似日军堡垒的空房子，根据情报，除了准确布置日军的火力位置，还在室内悬挂日军的画像，用扎好的一些草人，充当日军躺在床上，15名突击队员按照规定的路线和作战要求，冲入房中举枪射击，最后还要检查弹着点。如此逼真的演习，一共举行了3次。

1941年5月22日夜，十九团派出40多人，在日军据点附近的民房内，负责据点外的警戒任务，战斗发起后，负责监视与消灭伪军，并准备支援，以及搬运缴获的弹药、资财等；一营两个连进抵大营镇据点附近埋伏，阻击大营镇的增援日军；枣强县游击队负责阻击大屯据点的敌援；冀县游击队负责阻击卷镇据点的敌援。

5月23日，天蒙蒙亮，所有战斗人员全部到达预定地点。早晨6时左右，维持会会长魏子阳按照惯例以给"太君"请安为名，进入日军据点大门，日军小队长正在散步。魏子阳给小队长送了鸡蛋后，看了看前后院，发现其余日军都在睡觉，只有一个日本伙夫在准备做饭。魏子阳慢慢走出大门，招手让突击队进院。

突击队员扮作挑水的、扫地的，都进了院子。此时的日军有的刚下岗，有的正在睡觉，有的在洗漱，基本上没带武器。突击队员张俊杰看到有个日军熟睡，怀里正抱着一挺九二式重机枪，立即掏出手枪击毙日军，一把抱起重机枪送到门外。枪声一响，所有人掏出手枪进入战斗。因为日军没有任何准备，大部分被击毙，只有小队长躲进了碉堡，因我军没有爆破武器，未能炸开碉堡。旁边院子里的伪军听到枪声，除了投降的，大部

✕ 中国抗日战争时期使用的老式手枪

分未做抵抗，逃跑了。

这次奇袭共击毙日军16人、击伤2人，俘伪军9人，缴获轻、重机枪各1挺，掷弹筒1个，步枪15支，子弹万余发，以及大批军用物资，共装载了12辆大车。我军伤亡11人。那个躲进碉堡的日军小队长后来也被击毙。

娄子镇之战规模不算大，但我八路军进退得当，对日军据点的具体情况，做到了由内到外的熟悉与了解，真正做到了知己知彼，为以后的战斗树立了典范。

地形：战争中的军事地理

《孙子兵法》中的地形理论是现代军事地理学的重要基石之一，无论是在理论框架还是实践操作上，都对现代军事活动产生了深远影响。所谓地形，是地貌和地物的总称。地貌是指地表平坦和起伏的自然状态，如山地、丘陵地、平原等；地物是指分布在地面上人工或自然形成的固定性物体，如居民地、道路、江河、森林等。

不同地貌和地物的错综结合，形成了各种不同类型的地形。依地貌的状态，可分为平原、丘陵地、山地和高原；依地物的分布和土壤性质，可分为居民地、水网稻田地、江河与湖泊、山林地、石林地、黄土地、沙漠与草原、沼泽地等。依对军队作战行动的影响，可分为开阔地、隐蔽地和断绝地等。《地形篇》是孙子对战场地形与战略战术关系的深刻阐述。

作战时的六种地形

孙子将地形分为通形、挂形、支形、隘形、险形和远形六种类型，并详细分析了每种地形的特点以及相应的军事行动策略："地形有通者，有挂者，有支者，有隘者，有险者，有远者。我可以往，彼可以来，曰通。通形者，先居高阳，利粮道，以战则利。可以往，难以返，曰挂。挂形者，敌无备，出而胜之；敌若有备，出而不胜，难以返，不利。我出而不利，彼出而不利，曰支。支形者，敌虽利我，我无出也；引而去之，令敌半出而击之，利。隘形者，我先居之，必盈之以待敌；若敌先居之，盈而勿从，不盈而从之。险形者，我先居之，必居高阳以待敌；若敌先居之，引而去之，勿从也。远形者，势均，难以挑战，战而不利。"

凡我军可往、敌军可来，此为"通"形。在"通"形地带作战，要先占据有利地形，便于运粮，利于作战。

可以前往，难以返回，此为"挂"形。在"挂"形地带，若敌人未有防备，可击败它，若敌有备，断我归路，则对我很不利。

我军出击不利，敌军出击也不利，此为"支"形。在"支"形地带，尽管敌方诱惑我，我军也坚守不出。可佯装撤退，引敌追击，敌人追击至半途，我伏击之，必胜。

在"隘"形地带，我军应先占据隘口等待敌人。若敌人先占据隘口，且重兵把守，此时切勿作战。若敌人在隘口兵力不足，则可考虑出击。在奇袭娄子镇战斗中，日军的炮楼与碉堡都布置在娄子镇的隘形地带，尽管日军占据隘口，却有致命的弱点，那就是兵力不足，最近的援军远在大营镇。八路军早就想拔掉这个据点，终于奇袭成功。

在"险"形地带，若我军先占据，则在向阳高地伏击敌人；若敌人先占据，应撤军离开，切勿与敌交战。

在"远"形地带，敌我双方势均力敌，难以对抗，谁先挑战，对谁就不利。

✕ 安徽省繁昌桃冲矿区内的日式碉堡及大楼，保存完好。

以上六点，是利用地形作战的原则，也是主将的重大职责，不能含糊。（"凡此六者，地之道也，将之至任，不可不察也。"）

导致失败的六种原因

俗话说，胜败乃兵家常事。但经常打败仗的指挥官，都有这六种情况：走、弛、陷、崩、乱、北。究其原因，不是天灾，而是主将之过。敌我兵力相当，我却以一击十，结果造成军队溃败而逃，此谓"走"；士卒强悍而军官无能，导致战败，叫作"弛"；军官强横而士卒懦弱而导致失败，谓之"陷"；副将不服主将指挥，遇敌擅自出战，主将又不了解其能力而导致失败，叫作"崩"；主将懦弱，对部卜管束不严，教导无方，官兵关系陷入无序状态，排兵布阵杂乱无章，导致失败，叫作"乱"；主将不会分析敌情，以少击众、以弱击强，又没有精锐部队为骨干而导致失败，叫做"北"。以上六种情况，是战败的原因，这也是主将的责任，不可不研究。（"夫势均，以一击十，曰走；卒强吏弱，曰弛；吏强卒弱，曰陷；大吏怒而不服，遇敌怼而自战，将不知其能，曰崩；将弱不严，教道不明，吏卒无常，陈兵纵横，曰乱；将不能料敌，以少合众，以弱击强，兵无选锋，曰北。凡此六者，败之道也，将之至任，不可不察也。"）

在奇袭娄子镇战斗中，日军的失败可归属于"陷"，即军官强悍，而士卒懦弱。当时炮楼里日本人很少，很多都是伪军，八路军打进来时，很多伪军溜之大吉，这也是娄子镇炮楼被端掉的重要原因。

知天知地，胜乃不穷

孙子在《谋攻篇》中有一段著名论述："故曰：知彼知己，百战不殆；不知彼而知己，一胜一负；不知彼，不知己，每战必殆。"这里的百战不殆，是指充分了解敌我双方情况，可以确保在各种战斗中都不会失败。在本篇中，孙子再次强调"知彼知己，胜乃不殆"，同时，还提到了"知天知地，胜乃不穷"，这句话强调了在战争决策和指挥作战过程中，对自然环境与地理条件的深刻认识和巧妙运用的重要性。

知天，指了解并利用天时、气象等自然因素。在古代战争中，天气变化、季节交替等因素会直接影响军队的行军速度、战斗能力以及后勤保障等各个方面。知地，是指深入掌握战场的地理特征，包括地形地貌、道路通达性、河流湖泊分布等，这些都会直接决定兵力部署、行军路线、攻防策略的选择。如孙子所述，在不同地形上应采取不同的战术，如"隘形者，我先居之，必盈之以待敌；若敌先居之，盈而勿从，不盈则勿攻"。通过合理利用地形优势，可以达到以少胜多、出奇制胜的效果。

在攻打娄子镇日军炮楼的战役中，八路军精心筹备，通过派出卧底深入据点，详尽搜集了日军据点内部火力部署、人员作息规律等关键情报，做到了对敌人情况的全面了解和精准把握，即"知彼知己"。不仅如此，在实际行动发起之前，为了确保战斗顺利进行，八路军还针对性地进行了模拟演习，以提高作战效率和成功概率。

奇袭娄子镇的成功实施，正是孙子"知彼知己，胜乃不殆；知天知地，胜乃不穷"战略思想的具体体现。通过对敌方的深入了解与自身战斗力的有效提升，八路军最终能够克敌制胜，并且无论战场环境如何变化，都能保持持续胜利的能力。

PART 11

九地篇：为客之道，千里杀敌

秦朝灭亡后，楚汉相争。当时，被秦国灭亡的一些诸侯小国，纷纷复国。赵国本来投靠刘邦，有一次，刘邦被项羽打败，赵国又转身投靠项羽。赵国出尔反尔，刘邦对此十分不满，公元前204年命大将军韩信和勇士张耳，领兵出征，兵力不足4万人，想教训一下赵国。

韩信巧布"背水阵"

汉军要攻打赵国的消息，在赵国满天飞，赵国上下都在商讨对策。赵王和丞相陈馀相商，决定立即聚兵井陉（xíng）关（今石家庄市井陉县北井陉山），约20万大军，严阵迎敌。

对汉军而言，这次进攻难度太大。首先双方兵力悬殊：汉军主帅韩信，副将张耳，总兵力不足4万人，且都是由降卒、新兵等组成的杂牌军；赵国主帅陈馀，谋士李左车，兵力甚众，达20万人之多。

此外，汉军攻打赵国，还有地理上的困难，他们需要通过太行山八大

✕ 井陉古驿道

隘口之一的井陉。彼时井陉，是兵家必争之天险要道。《史记》载："今井陉
之道，车不得方轨，骑不得成列。"如此狭窄的关隘条件，极不利于行军。

赵国谋士李左车对主帅陈馀说："汉军远道而来，后勤与军粮补给是
个大漏洞。井陉关隘可谓天险，道路狭窄，致使行军队伍拉长百里。依
此情形，随军的粮草必定落在大部队之后。请求您拨给我精兵3万，从
小道绕过，截住汉军的辎重粮草。如此，他们向前不能拼战，向后无路
可退，山野里又无食粮，我向您保证，不出10天，韩信、张耳两个将领
的头就可以送到您的旗下。如若不然，以韩信那样的谋略大才，我军一
定会被动。"（《史记·淮阴侯列传》）可惜陈馀愚蠢自傲，没有采纳李左

汉淮阴侯韩信

※　韩信像，清殿藏本。

车的建议。

　　汉军中，韩信得密探来报：20万赵军在陈馀的带领下抢占先机，扼守在井陉关，专等汉军到来。韩信闻之，在离井陉关还有30里的地方扎下营寨。黄昏时，韩信精挑骑兵2000人，命他们每人拿一面汉军军旗，趁着天黑，悄悄从山间小路，抄到赵军大营后面。韩信密令："明日，我把赵军引下山，你们迅速占领赵营，关门打狗，把留守士卒全部解决，然后控制整个赵营，全部换上我汉军军旗。赵兵必回救，我们前后夹击之。"

　　韩信又安排伙夫："多准备些大鱼大肉。明天与赵国开战，我们必赢！我要大摆宴席，让全体将士喝酒吃肉，管够！"

　　刚开始，汉军看到满山头都是赵军，人多势众，都感到担忧。可见主帅韩信镇定自如，仗还没打，却要准备摆庆功酒，可见早已成竹在胸。

韩信开始布兵，他首先把1万士卒背靠绵蔓河摆开阵势，与井陉关的赵军遥遥对峙。刚布置好阵形，韩信和自己的士卒都听到了从山头上飘来哈哈大笑声与冷嘲热讽："不会吧，韩信怎么可能不懂军事常识呢？背水而阵，兵家之大忌，根本没有退路啊，我们居高临下，往下一冲，赶鸭子一样，把你们汉军赶到绵蔓河喂鱼。"所有人，包括汉军的士卒，都不明白一代名将为何如此布阵。

看时机已到，韩信摆出自己的大将旗鼓，鼓行而出，命剩下的主力部队，向井陉关上的赵军发起进攻。陈馀见状，命令赵军打开营门，冲出迎战。双方混战，大战良久。韩信见时机已到，鸣锣撤兵。汉军在赵军强大的碾压之下，佯装败退，抛掉锣鼓旗帜，向在水边列阵的汉军撤退。

在水边列阵等待的汉军，立即替换刚才作战的士卒，再次迎着赵军冲了过去，双方又混战一起。所有的汉军都知道，没有任何退路，只有不停地冲上去，背水一战，以命相搏，才能活下来。就这样，汉军采取车轮战，消灭了一批又一批的赵军。

忽然，赵军得到消息，大本营被汉军占领了，营房四周插满了汉军军旗。被绵蔓河边背水一战的汉军打得晕头转向的赵军，此刻陷入混乱，士兵四散奔逃。韩信见状，擂鼓反攻，与占领了赵营的汉军前后夹击，赵军大败。结果，陈馀逃跑，至泜水被杀，赵王歇被俘虏。谋士李左车也被汉军抓获，后来韩信释放了他。

井陉之战后，汉军很快占领了赵地，这对刘邦在楚汉之争中，从劣势转为优势起了决定性的作用。

九地：不同地理环境下的作战方法

孙子在《地形篇》与《九地篇》中，都涉及战争地理学的内容，但两者侧重点和阐述内容有所不同。

《地形篇》中孙子主要从宏观角度，讨论了不同类型的地形对战争的影响，以及如何利用地形制订作战方案。在《九地篇》中，则更为深入细致地探讨了九种不同战场的军事策略，分别描述了根据敌我双方所处位置、关系及心理状态而划分的特殊战场环境：散地、轻地、争地、交地、衢地、重地、圮地、围地、死地。《九地篇》更多地关注了士兵的心理反应、士气变化、部队状态以及这些因素如何影响战斗进程，并强调将领在不同环境下，应具备强大的心理素质和决策能力。

因此，《地形篇》主要是从客观物理环境的角度研究战争地理，而《九地篇》则是结合地理环境和战争双方主观心态的变化，更加注重战争地理的动态运用和心理层面的影响。

九地之变，屈伸之利

孙子将战场上的地形，归纳为散地、轻地、争地、交地、衢地、重地、圮地、围地、死地等九种类型："有散地、有轻地、有争地、有交地、有衢地、有重地、有圮地、有围地、有死地。诸侯自战其地，为散地；入人之地而不深者，为轻地；我得则利，彼得亦利者，为争地；我可以往，彼可以来者，为交地；诸侯之地三属，先至而得天下之众者，为衢地；入人之地深，背城邑多者，为重地；行山林、险阻、沮泽，凡难行之道者，为圯地；所由入者隘，所从归者迂，彼寡可以击吾之众者，为围地；疾战则存，不疾战则亡者，为死地。"

散地是在本诸侯国内作战的地区，靠近家乡，士兵可能因对家乡的依恋产生逃散之心，从而影响战斗意志，故散地不宜作战，实在要战，则必须加强纪律与士气激励。

轻地是进入敌国作战，还未深入的地区。因敌我不明、没有明显屏障，要迅速通过，不宜停留，防止敌人设伏。

争地是我方得到有利、敌方得到后也有利的地区。双方都极力争夺的战略要地，应快速行动以先占领。若后于敌人到达，则不宜强攻。

交地即交通便利、四通八达，我可往、敌亦可来的地区。在交地，容易发生遭遇战，军队之间要保持警觉，不可失去联络。

衢地是与多国交界接壤，先期到达就能得到诸侯列国援助的地区。进

✕ 井陉县仙台山风景区

入衢地要结交邻国，结盟友军，孤立敌人。

重地为深入敌境腹地，难以轻易撤退。深入重地，需要掠取敌人获得补给。

圮地是山岭、荒漠、森林、沼泽等险恶难行的地区，碰到圮地，要尽快穿越或避免进入。

围地是进入的道路狭窄，出来的道路迂回且被敌包围的地带。陷入围地，需要立即寻找突围路径，或用奇谋脱险。

死地是无路可退的绝境，必须奋勇拼杀才能生存，否则全军覆灭。置身死地，则要拼死突围。

韩信在井陉的"背水阵"战斗，巧妙地体现了孙子关于"九地之变，屈伸之利"的战略思想，利用了狭窄险峻、不利于大部队展开的地形特点，故意将主力部队布置在河边（即"背水阵"），使己方士兵处于绝境，从而激发他们的求生欲望和战斗意志，这正是对不利地形进行反向利用的典范。

"屈"意指暂时收缩或隐藏实力，"伸"则意味着关键时刻发挥出全部战斗力。"背水阵"表面上看是兵力布局上的被动与劣势，实际上是韩信精心设计的战术欺骗。他暗中安排了一支奇兵藏于山谷之中，当敌军追击汉军至河边时，汉军因无路可退而拼死抵抗，与此同时，韩信又指挥伏兵突袭赵军后方，使赵军前后受敌，无法有效应对，这就是"屈"而后"伸"的战术运用，充分发挥了军事行动的灵活性。

韩信的"背水阵"也是一种心理战，是对敌人心理状态的精准把握，通过让自己的军队置于看似必败之地，诱使赵军轻敌冒进，进一步暴露其弱点，然后抓住最佳时机反击，这也是对《孙子兵法》中"示形于外，实攻其内"等心理战术的具体实践。

进入敌境作战的"为客之道"

　　孙子所说的"为客之道",主张将战争引向敌国境内,以进攻性战略迫使敌国陷入被动、消耗其国力,这与春秋末期各国间的兼并战争相吻合。在当时的历史背景下,这一策略具有一定的进步意义。首先是减少本土损害,把战争引入敌国领土,可以在一定程度上减少本国人和经济资源的直接损失;通过主动出击,可以掌握战场主动权,对敌形成压力;通过持续地对外征战,尤其是深入敌境作战,能够消耗敌国的物资储备、人力资源,从长远看有助于削弱敌国的整体实力。

　　在孙武生活的年代,各诸侯国的防御大多是一种据守要地的点式防御,通过战略突袭,直捣敌国腹地,给敌人以突然沉重的打击,夺取战争的胜利。孙子亲身参与的柏举之战,吴国军队千里奔袭,攻破楚国,就是孙子的战略突袭思想在战争实践中成功运用的经典范例。

　　韩信率领汉军进入赵国境内作战,这符合"为客之道"的基本前提——深入敌境,强调了如何克服远征作战中的种种困难,如物资补给、士气维持等。韩信还巧妙地利用了狭窄的井陉通道、河流等,使得赵军无法展开兵力,从而集中优势兵力打击了赵军的薄弱环节。

PART 12

火攻篇：烈焰佐攻，以火决胜

孙子的《火攻篇》，主要讲述了在古代战争中使用火攻这一战术的原则、条件和实施方法，以及与火攻相关的战略考量。

公元200年，官渡之战后，曹操打败袁绍，统一北方，于是挥师南下，以期统一全国。当时，南方两个势力集团对曹操构成威胁。一是孙权，拥兵数万，占据不少城市；另一是刘备，屯兵樊城等城市，手下还有大名鼎鼎的谋士诸葛亮，以及关羽、张飞等名将。

公元208年7月，曹操率大军南下，刘琮不战而降。曹军连克新野等数城。当时，刘备驻扎在襄阳对岸樊城，见曹操攻势迅猛，只得出逃，襄阳百姓相随撤退，行动十分缓慢。曹操挑选精骑五十，日夜兼程，在当阳长坂（今当阳市中心城区有长坂坡古遗址）追上了刘备。刘备士卒不堪一击，全赖赵云、张飞等猛将才得以脱身。至汉津，关羽水军前来接应，两路人马沿江而下，前往夏口。

火烧赤壁

长坂坡一战，曹操大获全胜，抓获了刘备的两个女儿，得到了大量装备和降卒。后来赵云冒死救回刘禅。《三国志》记载："追刘备于长坂，获其二女辎重。"

曹操占领荆州之后，水军兵力大增，东吴上下惶恐不已。此时，曹操又送来了战书："近者奉辞伐罪，旄麾南指，刘琮束手。今治水军八十万众，方与将军会猎于吴。"孙权召百官商议，大部分人的意见是投降曹操，但谋士鲁肃反对投降，建议与刘备结盟。

刘备派诸葛亮出使东吴，游说东吴联合抗曹。孙权终于痛下决心，任命周瑜率三千水陆大军，浩浩荡荡向夏口进发。曹操率大军自江陵出发，沿江而下，在赤壁附近遇孙刘联军。双方剑拔弩张，曹军水土不服，不善水战，初战告负，被迫退回江北，与孙刘联军隔江对峙。

✕ 东坡文赤壁

对于赤壁初战的失利，曹操决定吸取教训，将舰船首尾相连，铺以木板，以减少船身晃动。曹操将这些船驻扎在水流平稳、江面宽阔的乌林。乌林江面宽阔，西北两面皆是苇荡，有小道经华容直通江陵，后勤供应便捷。

孙刘联军的战船驻扎在乌林对岸的赤壁，这里有几座小山，可以观察江面的一举一动。而曹操将战船首尾相连的举动，很快被对岸的黄盖发现，这才有了黄盖向周瑜献火攻之策。《三国志·周瑜》记载："瑜部将黄盖曰：今寇众我寡，难与持久。然观操军方连船舰，首尾相接，可烧而走也。"周瑜连说好计！立即制订了火攻赤壁的计划。

周瑜先让黄盖写信，向曹操诈降。曹操不知是计，接受了黄盖。周瑜见曹操中计，命黄盖率数十艘船只，满载干草，灌装油脂，插上旌旗，做出伪装，同时又在人船后面系上快艇，以便放火后撤离。

✕ 中国湖北赤壁市，长江"赤壁之战"之古战场遗址

一切就绪。那天，东南风起，黄盖率战船出发，飞驰曹船。曹军以为黄盖真降，竟毫无戒备。当船距曹军二里许，黄盖下令，各船同时放火。一时间，一艘艘火船借着风势直冲曹船，因曹船首尾相连，火逐风飞，烈焰冲天，顿成一片火海。

曹军被突如其来的火攻烧得晕头转向，溃不成军。烧死、溺死者无数。长江南岸孙刘联军乘机擂鼓出击，横渡长江，大败曹军。曹操向江陵方向撤退，败走华容道，最后逃回北方。

赤壁之战以孙权、刘备的联军大获全胜而告终。魏、蜀、吴三分天下的局面，由此而定。

火攻：燃烧的战争艺术

孙子是历史上第一位对火攻战术进行理论总结的军事家。他列举了火攻的五种类型，即"火人""火积""火辎""火库"和"火队"，分别对应于攻击敌人的人员、物资储备、后勤运输、仓库设施以及军事装备。

他强调："行火必有因，烟火必素具。发火有时，起火有日。"火攻不是随意使用的战术，必须符合天时（如风向、湿度等气象条件）、地利（地形利于火势蔓延而不伤己方）以及人和（士兵能够熟练掌握火攻技术并严守纪律）。

实施火攻需谨慎对待，必须建立在充分了解敌我情况的基础上，并且只在对整个战局具有决定性影响的情况下才可采用。通过火攻可以有效打击敌军士气，瓦解其战斗意志，同时震慑潜在的盟友或中立者。火攻不能

八　赤壁大战

单独使用，需与其他作战方式结合，比如突袭、伏击、正面进攻等，形成合力，从而达到迅速、彻底击败敌人的目的。

在实施火攻前，应做好周密计划和充分准备，包括确保火攻器材的充足供应、火攻时机的选择，以及火攻后如何跟进追击等问题。

在历史上著名的火烧赤壁战役中，孙刘联军对曹操战船的火攻策略，与孙子《火攻篇》的理念高度契合。周瑜利用冬季东北风盛行的特点，选择在东风起时发动火攻，体现了对天时的把握；同时，曹军战船首尾相连，紧密排列于江面，为火攻提供了良好的地利条件。

曹操率领的北方军队不善水战，且因疾病流行导致战斗力下降。黄盖诈降，利用满载易燃物的船只接近曹军战船并点燃，达到了类似"火积"（攻击敌军物资）和"火队"（烧毁敌军舰船）的效果，进而摧毁了曹军的水上力量。

火攻前必须有充分准备。孙刘联军事先策划周密，黄盖用苦肉计取得曹操信任，并秘密准备了大量的助燃材料，确保了火攻的成功执行。

火攻之后，孙刘联军迅速跟进，乘势追击溃败的曹军，体现了《火攻篇》中关于火攻后要适时转换战术的思想，将火攻与陆上追击结合起来，最终大败曹军。

PART 13
用间篇：谍报战术的古典智慧

经过公元前260年惨烈的秦赵长平之战后，尽管秦国没有立即吞并赵国，但赵国已元气大伤。那时北方又有匈奴时常侵扰，大将李牧长期驻扎雁门关抵御匈奴，渐成国之栋梁。若此时赵国能韬光养晦、爱惜良将，至少，赵国不会亡国如此之快。事实证明，李牧镇守北部边境，对匈奴知己知彼，防守、反击皆有章法。有如此良将，实乃赵国之大幸。

但是，昏庸的赵王迁未能吸取惨痛的教训，又做了一件蠢事。

大将军李牧之冤

秦国想吞并赵国的想法一直没有停止，趁着李牧远在北境，赵国无可用之将才，再次出兵，长驱直入，逼近赵国都城邯郸。赵王迁急调李牧，封为大将军，以阻挡秦军。

秦军将领桓齮，决定采取声东击西的战法，进攻赵国的肥下，让赵军去救援肥下，然后围而歼之。李牧识破赵国的伎俩，并未派兵去救肥下，而是在秦军主力进攻肥下时，直扑秦军宜安老营，夺了秦军的补给与后援。桓齮得知后，立即从肥下率军回援宜安，却又遭到赵军的埋伏，双方发生激战。

李牧此战，斩首秦军十万，报了长平之战的大仇，一时震动天下，因功被赵国封为武安君。桓齮不敢回秦国，逃至燕国，改名樊於期。秦国明白，有李牧在，秦军难以取胜，决定除掉李牧。他们又想到了当年陷害赵国老将军廉颇的办法，实施反间计。

秦国有个卧底在赵国，他就是当年陷害过赵国大将廉颇的奸臣郭开。秦国故计重施，给郭开赏金，让他散布流言，说李牧见赵国日薄西山，灭亡在即，要率部投降秦国。郭开接受了秦国的贿赂，向赵王进言，说李牧要谋反。

赵王迁昏庸无知，听信郭开，下令让宗室赵葱为督军，替代李牧。接到赵王旨令，李牧并未立即办理交接手续，他深知这场与秦军的战斗，决定着赵国的命运，就以"将在外，君命有所不受"为由，拒绝交出兵权。

郭开早就料到李牧不会轻易交权，便命督军赵葱暗中逮捕了李牧。为

╳ 战国晚期秦国兵符杜虎符，陕西历史博物馆藏。

防士卒造反，赵忽以迅雷不及掩耳之势，将李牧斩首。秦军见反间计得逞，立即发动进攻，向赵军杀去。临阵换将后，赵军毫无斗志，很快被秦军击败。赵忽在混战中被秦军击杀。

三个月后，秦将王翦大破赵军，俘虏了赵王迁，攻取邯郸，赵国就此灭亡。

史学家司马迁对李牧这位战国末期的优秀军事家十分偏爱，将其事迹载入《史记·赵世家》，这是对优秀将领的尊敬和礼遇。对于赵国自毁长城、陷害忠良一事，司马迁评论道："迁（指赵王赵迁）素无行，信谗，故诛其良将李牧，用郭开。岂不谬哉！"

用间：隐形战争的核心法则

孙子的《用间篇》，是整部《孙子兵法》中关于情报工作和间谍活动的重要篇章。

孙子强调了在战争中搜集敌人情报的极端重要性，认为"故明君贤将所以动而胜人，成功出于众者，先知也"。意思是说，贤明的君主和将领，之所以战之能胜，成就超过普通人，就在于他们事先了解敌情。通过有效的间谍活动可以提前了解敌情，从而在战略决策上占据优势。

孙子归纳出间谍有五种类型："因间者，因其乡人而用之。内间者，因其官人而用之。反间者，因其敌间而用之。死间者，为诳事于外，令吾间知之，而传于敌间也。生间者，反报也。"因间，即利用敌方的当地人充当；内间，利用敌方的官吏充当；反间，是让敌方的间谍为我所用；死间，就是散布虚假情报以迷惑敌军，这些间谍往往有去无回；生间，能够安全归来报告敌情的间谍。

孙子提出对间谍要给予重赏并严格保密，确保间谍的工作安全和忠诚度。（"故三军之事，莫亲于间，赏莫厚于间，事莫密于间。"）

同时指出，对于间谍的使用必须谨慎且有效，要求将领具备高超的识人之术和判断力。关于间谍活动的原则，孙子强调了情报的真实性和及时性，并且指出，只有全面深入了解敌情，才能做到"知己知彼，百战不殆"。

通过巧妙运用间谍手段，可以实现攻其不备、乱其阵脚的战略目标，从而在实际作战中获得胜利。《孙子兵法·用间篇》，阐述了间谍活动在军事战略中的基础地位和关键作用，提出了系统化的间谍理论和实践方法，是古代中国乃至世界范围内最早、最系统的间谍学说。

赵国名将李牧被秦国的反间计所害，蒙冤而死，司马迁在《史记·廉颇蔺相如列传》中有简要记载。秦国贿赂赵国权臣郭开，实施反间计，散布谣言说李牧有谋反之意，不费吹灰之力，成功让赵王对李牧产生怀疑并将其撤换，最终使得赵国失去了一位杰出的将领，削弱了赵国的军事实力，为秦军攻灭赵国创造了有利条件。用间的威力不可小觑。

"反间计"成功的条件

崇祯二年（1629年）十月，后金首领皇太极率军避开宁远、锦州防线，绕道蒙古突入关内，直逼北京城下。袁崇焕率军入京勤王，成功击退后金军。然而，后金大汗皇太极利用崇祯帝的多疑心理，实施反间计。他故意让明朝的俘虏听到后金将领的"密谋"，称袁崇焕与后金有密约。这些俘虏被放回明朝后，将这一"消息"传开。崇祯听信谗言，认为袁崇焕通敌叛国。崇祯三年（1630年）八月，袁崇焕被以谋反大逆罪凌迟处死。

袁崇焕（1584—1630年）是广东广州府东莞县人（另有广西藤县、平南两说），自幼聪明好学，特别对军事有着浓厚兴趣。天启二年（1622年），袁崇焕单骑出关巡察辽东，对辽东的地理兵势有了深入了解。他随即上言朝廷，表示愿意镇守山海关。天启六年（1626年）正月，后金首领努尔哈赤率大军进攻宁远城。袁崇焕临危不惧，指挥明军利用红夷大炮进行顽强抵抗。经过激烈战斗，努尔哈赤被迫撤军，袁崇焕取得宁远大捷，这是明军与后金交战以来所取得的首次重大胜利。

袁崇焕因功擢为辽东巡抚，但不久即因同后金议和等行为受到非议，加上他性格刚愎自用，与朝廷中的魏忠贤党羽不和，受到排挤，袁崇焕愤而辞官，回到家乡东莞。崇祯元年（1628年），崇祯帝朱由检即位后，为扭转辽东的局势，重新启用袁崇焕为兵部尚书兼右副都御史，督师蓟辽、登莱、天津军务。

袁崇焕为了统一指挥辽东的军队，擅自处死了东江总兵毛文龙。毛文龙虽然骄横跋扈，但他所率领的东江军是牵制后金的重要力量。袁崇焕的这一举动引起了朝野的震惊和不满，也为后来的悲剧埋下了伏笔。袁崇焕的死对明朝的局势产生了深远的影响。他的悲剧不仅是个人的不幸，也是明朝末年政治腐败、党争激烈、国力衰微的缩影。

"反间计"作为一种古老的军事谋略，其成功实施需要具备一定的条件。首先就是要知己知彼，必须非常了解敌方的内部情况，包括君臣关系、人事任用等。在袁崇焕的悲剧中，皇太极对明朝朝廷的腐败、袁崇焕被排挤的境况以及对崇祯帝的多疑心理，早有深入了解，这是实施反间计的基础。

接下来，就是需要确定离间的具体目标，通常是敌方内部的关键人物或决策层。在袁崇焕的悲剧中，皇太极的离间对象是崇祯帝和袁崇焕，袁崇焕擅自处死毛文龙，本来就引起朝野不满，皇太极通过制造谣言，加剧了崇祯皇帝对袁崇焕的猜忌。

制造的假消息，必须真实可信，才能够引起敌方的重视和反应。同时，还需要选择合适的时机和方式传递假消息，以达到最佳离间效果。皇太极借用明朝俘虏，成功将假消息传播到朝廷官员和崇祯的耳朵里。

敌方内部如果存在猜忌、不信任等弱点，将更容易被反间计所利用。崇祯帝的多疑心理、对袁崇焕的不信任等，为皇太极实施反间计提供了可乘之机。

实施反间计，需要保持高度的秘密性，避免被敌方察觉。同时，还需要根据敌方的反应灵活应变，及时调整策略。皇太极成功地保持了反间计的秘密性，并根据崇祯帝的反应，逐步加剧了对袁崇焕的猜忌。皇太极正是巧妙地运用了这些条件，成功地实施了反间计，导致了袁崇焕的悲剧性结局。

由此可见，反间计一旦成功实施，其力量是强大的，大到可以摧毁一个国家。康有为感叹说："假若间不行（指君臣无猜）而能尽其才，明或不亡。"

梁启超在为袁崇焕写的传记中，更是痛心疾首："若夫以一身之言动、进退、生死，关系国家之安危、民族之隆替者，于古未始有之。有之，则袁督师其人也。"

第三章

《孙子兵法》中的
人性之光

如果说陶渊明为我们描绘了一个理想的世外桃源，那么，孙子就为我们构想了一个理想的战争境界——不战而屈人之兵。这就是《孙子兵法》中最迷人的、最朴素的人文思想。《孙子兵法》自诞生之日起，直接推动了尚和平、贵谋略、崇全胜的中国军事文化传统的形成。

孙子兵法　战争与和平的艺术

×

PART 01

不战而屈人之兵：理想的战争境界

《孙子兵法》诞生至今已有两千五百多年，全书只有六千多字。两千多年来，很多人曾痴迷《孙子兵法》，潜心研读并为之作注，其中既有曹操这样的战略家、军事家，也有杜牧这样的大诗人。如今，《孙子兵法》风靡世界，被各国军人学习研读。在中国国内，《孙子兵法》更是妇孺皆知，成为与《论语》比肩的武学圣经。《孙子兵法》何以如此迷人？

从《孙子兵法》开篇就可以看到孙子对于战争的态度，那就是不战、慎战、全胜、速胜。总之，战争能决定一个国家的死生存亡，能不打仗就不打仗。《孙子兵法》第一至第三篇，都在谆谆告诫后人：战争要不得，务请慎重！请不要打、不要打、不要打。

完美的战神

作为战争决策者，想发动战争，在开打之前，务必先根据敌我双方的实力、兵力、战车、行军、后勤的供应、战车修复、国库盈余，甚至是否师出有名等，先进行多次推演，做个评估，这一仗能不能打，有无胜算。

若明摆着打不赢，那就不要硬扛，韬光养晦。

经过评估，有胜算，就再做个成本核算，"举师十万，日费千金"，如果战争代价太大，或者成本太高，一年半载都耗不起，更不用说很有可能连年战火，那还是不要打。

经过评估，打得赢，国家实力雄厚，就可以开打吗？不，再想想，能不能不打？是否还有别的方式解决？是否能"不战而屈人之兵"？

可是，古今中外，大小战争从来就没有停止过。因为，有些战争是不可避免的，是为了保护自己的国家和人民。

《孙子兵法》从第四篇开始讨论怎么打。孙子说，即使开打，也没有到兵戎相见的地步。先进行伐谋，然后伐交，最下策才是攻城。在孙子眼中，百战百胜的将军并没有什么了不起。在中国历史上，被称为百战百胜的常胜将军有许多，秦国的名将白起算一个。尽管不少人视之为中国"战神"，然而，长平之战白起坑杀45万已经投降的赵军，是他永世抹不掉的黑历史。不战而屈人之兵，这才是孙子眼中完美的战神。

不战而屈人之兵，这就是《孙子兵法》中最迷人的、最朴素的人文思想，而这种思想也贯穿全书。这与肆意杀戮的疯狂战争，在本质上完全背道而驰。

孙子的基本战术理论，比如"兵者，诡道也"，"故善战人之势，如转圆石于千仞之山者"等，也是孙子朴素人文思想的组成部分。就像现代战争中的精确制导武器，以最小破坏达成最大的效果，避免了狂轰滥炸、伤及无辜和对环境造成破坏，从而实现人道要求。

翻开《孙子兵法》，开篇即是棒喝警言："孙子曰：兵者，国之大事，死生之地，存亡之道，不可不察也。"孙子认识到战争对国家生死存亡的重大意义，将其提高到战略高度，这也是整部兵书的立足点和精神制高点。

慎战，具有人性光辉的战略思想

春秋战国在我国历史上是一个群雄逐鹿、战争不断的时代。原有一百三十多个诸侯国，到孙子时代，经历了无数的战争兼并，只剩下十几个国家。孙子以后的两百余年间，诸侯国家继续兼并，频频发动了三四百次战争。对国家而言，"凡兴兵十万，出征千里，百姓之费，公家之奉，日费千金，内外骚动，怠于道路，不得操事者，七十万家"，战争造成"百姓苦""百姓财竭""力屈中原，内虚于家""百姓之费，十去其七"等。由于战争给交战各方带来巨大人力、物力、财力的损失和心理上的恐惧，所以对于发动战争，孙子反复强调要慎重，明确提出"慎战"的思想。

各诸侯国之间挑起战端，攻伐无已。"争地以战，杀人盈野；争城以战，杀人盈城。"每次战争，都是血流成河，无数人家破人亡、妻离子散。孙子目睹了战争对生产力的巨大破坏，给百姓带来的沉重灾难，主张"非得不用，非危不战"，作为国君或军事指挥者，应"以全争天下"，善用"谋攻"之策略，以求达到兵不血刃"不战而屈人之兵"的效果。

历史上有一个著名的故事，叫《烛之武退秦师》，就是这样一篇化干戈为玉帛、由战争转向和平的传奇。

主人公烛之武是郑国一个赋闲在家的老臣。有一天，秦、晋两国出兵包围郑国。郑国危在旦夕。国君郑伯听从佚之狐的建议，请老臣烛之武出面退兵。没想到烛之武一口拒绝，说："臣之壮也，犹不如人；今老矣，无能为也已。"郑伯劝说道："我早先没有重用您，现在危急之中求您，这是我的过错。然而郑国灭亡，对您也不利啊！"烛之武答应了。

烛之武回家，夜里，找了根绳子，从城墙上，沿绳子爬到城外，冒着生命危险来到秦军军营，连夜拜见了秦穆公，站在秦国的立场上，巧妙地利用秦、晋之间的矛盾，竟把秦穆公说动了，与晋文公退兵。至此，郑国转危为安，化险为夷，避免了一场血腥的杀戮。而秦、晋两国也避免了一次因劳师远袭而带来的伤亡。

郑国老臣烛之武为了国家免受涂炭，以一人之力，苦口婆心劝退秦穆公，创造了一段"不战而屈人之兵"的历史。这一具有人性光辉的战略思想，已作为兵家的一种理想追求和用兵原则，为后世不断地加以实践。

《墨子·公输》篇中记载的"墨子阻楚攻宋"的故事，是一个关于智慧、技术以及和平主义精神的经典案例。在战国时期，各国之间的战争频发，技术进步推动了军事装备的发展。公输般作为当时著名工匠，为楚国制造了一种名为"云梯"的新式攻城器械，这使得楚国对周边国家产生了更大的军事威胁。

楚国计划利用这种新式的云梯攻击宋国。宋国相对于楚国来说，国小且弱，这场即将到来的战争似乎不可避免。墨子听闻此事，立即决定前往楚国，尝试阻止这场不义之战。因为墨子主张"兼爱""非攻"，认为无端发动战争是不道德的行为。

到达楚国后，墨子首先试图从道德层面，说服楚王放弃进攻宋国，未果。随后，他转向实际操作层面，与公输般进行了一场模拟攻防战。墨子解下腰带做城墙，用小木片作为防御工具，向公输般和楚王表明，即使有云梯这样先进攻城器械，也无法攻克由精通防御战术的人守护的城市。

而且，墨子告诉楚王，他已经教会了宋国人民如何使用这些防御战术，这意味着即便楚国出兵，也会遭受重大损失。同时，墨子还派遣了他的弟子禽滑厘等三百人，带着守城器械到宋国协助防御。

通过上述一系列行动，包括逻辑辩论、实战演示以及展现宋国防御准备的决心，墨子最终成功说服了楚王放弃攻打宋国的计划。

　　此事件不仅避免了一场可能发生的战争，保护了宋国免受侵略，同时也彰显了墨子及其学派的"非攻"理念，强调了通过智慧和道义，解决争端的重要性。它成为历史上运用非暴力手段实现和平的一个典范案例，体现了"不战而屈人之兵"的战略思想。

PART 02

伐谋与伐交：战争的目标是为了和平

　　"不战而屈人之兵"，是中国古代军事家对于人类文明的贡献，至今仍在闪烁着人性的光芒。"不战"的形式有多种，按照孙子的战术理论，伐谋、伐交，就是两种不战方式，通过谈判、说服、心理战等各种手段，兵不血刃，使敌人屈服。其中，"伐谋"是不战的最高境界。"上兵伐谋"，就是用兵的上上策，即以谋略方式使敌人屈服，或者破坏敌人的作战计划。

伐谋，用兵上上策

　　春秋战国时期，伐谋的故事很多，涌现出许多天才的纵横家，比如鬼谷子、苏秦、张仪等。张仪针对合纵的不足之处，利用秦国独强、各国皆弱的特点，凭能言善辩的天才演说才能，拆散合纵，转而连横，让各国对秦国争相割地进贡，进而使秦国占有了主动权。

　　1949年3月底，国民党安徽政府机关由安庆迁到屯溪，妄图在此固守。省政府主席张义纯在屯溪就职。由于解放军神速过江，南京宣告解放，给了张义纯当头一棒。张义纯预感末日来临，决定成立屯溪留守处，负隅顽抗，然后自己趁机溜之大吉。"屯溪守备司令部"在屯溪黎阳草草成立，由国民党安徽省保安司令部警保处长方师岳兼任司令，统辖省府保安司令部和地方警察两千余人。而张义纯则率政府要员向浙江方向逃窜。

屯溪是安徽一座古老的城镇，位于率水河、横江、新安江三江汇集处，东邻歙县，西南与休宁接壤。屯溪老街，是目前中国保存最完整的，具有宋、明、清时代建筑风格的街巷，具有极高的古筑建研究价值。随着休宁、歙县等地先后宣告解放，屯溪顿显孤立。方师岳走投无路，不知所

× 屯溪老街

措。中国人民解放军皖浙赣支队得悉这一情况，为尽力保护屯溪古城，决定尽量争取方师岳起义，和平解放屯溪。

解放军一面派警卫连连长率部分游击队进驻屯溪郊外，对屯溪形成合围之势，一面派支队医院院长方星（方师岳的远房堂叔）和支队秘书舒天展前往会谈，做方师岳的起义工作。曾任屯溪民众总动员委员会成员的张振英率游击队进到屯溪隆阜，并转告方师岳，为了屯溪人民不受涂炭之苦，也为了他本人及其全体官兵的生命安全，率部起义是明智选择。最终，1949年4月30日拂晓，方师岳部撤出屯溪，解放军皖浙赣游击支队开进市区，接管屯溪，屯溪宣告和平解放。

留住完整的北京

在解放战争期间，中国共产党创造出许多"伐谋""伐交"的精彩事例，其中最著名的就是北平和平解放。1949年，坐守北平城的傅作义既想守又想撤，内心挣扎。中国共产党充分利用了傅作义的这种心理矛盾，通过军事上的包围与打击、政治上的争取与谈判、利用舆论与民意等，逐步瓦解了傅作义集团的抵抗意志，促成了北平这座历史文化名城的和平解放。

在平津战役中，中国共产党采取了"围而不打，隔而不围"的战略部署，通过军事行动，将国民党军傅作义的军队分割包围于张家口、新保安、北平、天津、塘沽五个孤立地区，使其首尾不能相顾，南逃无路，西遁不成。这种"以打促和"的策略，在和平解放北平的过程中发挥了关键作用。

在对傅作义集团实施战略包围的同时，中国共产党还进行了多次军事打击，如攻克新保安、张家口和天津等地，歼灭了大量国民党军，削弱了傅作义集团的有生力量，为和平谈判创造了有利条件。

同时，中国共产党通过北平地下党组织和民主人士，积极争取傅作义接受和谈条件，进行了一系列上层统战工作。北平地下党组织先后联系或接触多位与傅作义有密切关系的人士，潜移默化地影响傅作义，对促使傅作义转变立场发挥了积极作用。

此外，中国共产党通过舆论宣传，揭露国民党政府的腐败和暴行，展示人民解放军的正义性和进步性，赢得了广大人民群众的支持和拥护。这为和平解放北平创造了有利的舆论环境。北平各界有识之士挺身而出，为和平奔走，保卫古都、和平解放北平成为各界共识。渴望和平解放的民意，对促使傅作义接受和谈条件、实现北平和平解放起到了重要推动作用。

1949年1月31日，中午12时30分，中国人民解放军第四野战军一部由西直门进入北平城，开始接管防务。至此，历时64天的平津战役胜利结束，北平宣告和平解放。

这不仅宣告了以平津为核心的华北地区回到人民怀抱，还使北平古城能够在战火纷飞的年代完整保存下来，这是孙子"不战而屈人之兵"光辉战略的具体实践。和平解放北平避免了前线指战员的流血牺牲，保存了北平人民的生命财产，为解放全中国和建设新中国保存了大量的有生力量。

北平的和平解放，向国民党其他统治区展示了和平解放的可能性，表明通过谈判和协商，可以避免不必要的战争破坏，实现双方的和平共处。这种政治示范效应，对于推动国民党其他统治区的和平解放进程起到了积极的促进作用。

1949年9月19日，国民党绥远省政府主席董其武率部6万余人、绥远军政首脑和各族各界代表39人通电起义，绥远和平解放。国民党军队起义、投诚和接受和平改编共188万人，包括将领1500余名，涉及陆军240个师、海军大小舰艇97艘、空军飞机128架。

如此之多的起义与投诚兵力，若用在战场上，与解放军发生火力对抗，所造成的损失不可估量。战争的最终目的，不是杀伐，而是为了缔造和平。这些大规模的起义与投诚，避免了无穷无尽的杀戮，挽救了很多生命和家庭。孙子的伐谋、伐交等"不战而屈人之兵"的战略理论穿越时空，在2500多年后的解放战争中大放异彩。

PART 03

攻城与投诚：战略博弈下的杀戮与谈判

孙子在阐述"不战"时，提供了两种战术形式：伐谋与伐交。当伐谋与伐交手段都不起作用，就只能兵戎相见。这里的兵戎相见，主要是指包括攻城在内的其他战争形式。因为攻城消耗太大，战况十分惨烈，敌我伤亡也最为惨重。在古代战争中，攻城，是战术中的下下策，到了无计可施的地步，只有攻城。孙子说："攻城之法，为不得已。"

孙子在书中介绍了攻城的一些准备，以及攻城时的惨况："修橹轒辒（fén wēn），具器械，三月而后成；距堙，又三月而后已。将不胜其忿而蚁附之，杀士卒三分之一，而城不拔者，此攻之灾也。"攻城用的四轮人车以及准备攻城的各种器械，要三个月才能完成，构筑攻城的土山，又要花三个月的时间才能完工。将领克制不住自己的愤怒，驱使士卒像蚂蚁一样爬梯攻城，往往士兵伤亡了三分之一，而城却攻不下来，这就是强行攻城造成的灾难。

攻城，不仅仅是进攻部队与守城部队的对抗，还包括进攻部队与援军的对抗、守城部队突围、破城后的巷战与屠城。强行攻城，损兵折将三分之一，城池仍未拿下。这时是继续攻城，还是鸣金收兵，对于将领都是艰难的决定。当攻城的一方以极大的代价攻下城池后，短暂的巷战之后，便是大规模的屠城。

※　南京明城墙上的弩车

血战安庆：湘军的攻城之战

　　1861年夏天，太平天国的军队与曾国荃（曾国藩弟）率领的湘军，在长江边的安庆城已对峙一年多。曾国荃对安庆城志在必得，稳扎稳打。为阻止外地援军，他还命士兵挖一条壕沟。事实证明，这条壕沟作用极有效。8月25日，从外地驰援安庆的英王陈玉成指挥太平军从外围的菱湖之畔发起近乎自杀式进攻。万人敢死队身背草束，遇壕填之，拼死往前冲。

　　湘军则集中所有火炮、步枪，轮番向蜂拥而来的太平军轰炸和射击。战场上尸骸堆积如山。抱必死之心的太平军仍是前仆后继，一往无前。亲历此战的曾国藩幕僚赵烈文在其《能静居日记》中记载："每炮决血衢一道，贼（太平军）进如故，前者僵仆，后者乘之。"

　　太平军终于打开一个缺口。在此关键时刻，曾国荃亲自操刀，上阵砍倒数名太平军。湘军见主帅出手，大受鼓舞，一改之前的颓势。太平军这边则每前进一步都要付出巨大伤亡。这场空前惨烈的大战持续了整整9个时辰，太平军连续冲锋12次，最后功败垂成，1万多敢死队员全部阵亡，英王陈玉成败走桐城。

曾国荃立即指挥湘军挖地道，直至安庆城下，用火药炸塌了安庆西北门城垣。城破，湘军越壕蜂拥而入。太平军将士因城中断粮已久饥疲困之，无力迎战，主将叶芸来、吴定彩及麾下守军1.6万余人全部被俘。湘军进城后，开始了残酷的烧杀抢掠。赵烈文《能静居日记》记载，安庆陷，太平军"万余人""男子龀髫（少年儿童）以上皆死"。妇女命运更惨，太平军官眷数十人在城破时悬梁自尽，"余妇女万余俱为兵掠出"。湘军大肆搜刮钱财，"城中可取之物，扫地而尽，不可取者皆毁之"，地面上房屋被洗劫一空，随后便开始坏垣掘地，甚至开棺毁墓以求金银。被俘的1.6万余太平军全部问斩。从此，曾国荃得了一个"曾剃头"的绰号。

事后，曾国荃在写给兄长的家信中，隐隐露出后悔与担心之意。曾国藩立即回信，给曾国荃复训诫："既已带兵，自以杀贼为志，何必以多杀为悔？"

其实，湘军在围困安庆的时候，也曾准备给城里的太平军一条生路。长期作战，湘军也伤亡惨重，又得不到及时补充，而安庆却迟迟不能攻下，将士颇多怨言。曾国荃就打算让安庆城里的太平军自行离开，而后夺取空城。这样可避免尸横遍野，血流成河。据后来被俘的太平天国高级将领、忠王李秀成《自述书》云："后靠湖边九帅（指曾国荃，曾国藩的三弟，在族中排行为老九）退让己营，此是九帅留其退省生路之思。不意英王陈玉成不退，将石牌及其省近之民粮运入省。九帅见其未退，仍将兵复扎，此又困实省城。"

✕ 太平天国铜币

一纸特赦令定天下

成语"固若金汤"的故事，也是一个关于"不战"理论的典型。秦朝末期，公元前209年，农民起义军领袖陈胜派部下武臣进攻赵国。武臣率兵往北，一路披荆斩棘，所到之处，豪杰无不响应。起义军打到了范阳城（今河北省涿州市），范阳令徐县长准备誓死保城，修建工事，想抵抗到底。

当时，范阳城里有个人，名叫蒯（kuǎi）通，善辩。得知武臣兵临城下，即去拜见徐县长。他开口就向徐公致哀，忽又向他道喜，弄得徐公莫名其妙，连问怎么回事。蒯通说："您当范阳令十多年，作恶多端，百姓怨声载道，只因严厉的秦法为你挡灾，你才幸免于难。今天下大乱，秦法无用，百姓要削你，以泄心中怒气。但也不是没救，您若听我一言，即可免灾，且有富贵。"蒯通告诉徐公，自己将如何劝说武臣，徐公听后连连拜谢，为蒯通准备车马。

╳ 侃侃而谈的蒯通，明万历刻本《元曲选》插图。

　　蒯通立即出城，求见武臣，说："范阳令徐公听说您要攻城，正秣马厉兵。他本来想投降您，可是您此前攻下十几座城，把县吏都杀了。徐公想，反正都是一死，那就顽命抵抗，且范阳城固若金汤，即使您部下血流成河，范阳城是否攻得下来，还不好说。为今之计，您何不写个特赦令，说他一句，官复原职，他得此美事，定然城门洞开，迎接您的到来。

　　"您再用豪车载徐公全城巡游，告诉附近的县城，凡投诚者，无性命之忧，全部官复原职。如此，您不需要攻城，不费吹灰之力可以得到若干城池，不用牺牲一兵一卒就使四方臣服。这就是我所说的用一纸特赦令，可定天下的良策。"

　　武臣遂依计行事。果然，在范阳令投降后不久，附近几百里的守城官吏，也都纷纷向武臣投降了。蒯通巧用计谋，不动一兵一卒，就帮武臣攻下几座城池，避免了大规模的攻城与血腥杀戮。

孙子之所以将"攻城"列为战术的下下策，主要是攻守双方付出的代价太大。古代文献描述攻城的场面，大多用八个字：尸横遍野，血流成河。

投诚，不计较一城一地

除了伐兵与攻城，就没有别的路径可走吗？有，那就是回到伐谋、伐交的谈判桌上来。其实，投诚也是伐谋的一种形式。但投诚与投降不同。投降是双方已经交战。而投诚，则是双方谈判的结果：你实力雄厚，兵临城下，我为了百姓不受涂炭，我愿意打开城门，但你不能屠城，不能烧杀抢掠。我的去留，由我自己决定。其实，为了保存有生力量，不必计较一城一地的得失。

除了投诚，还有"失地"，即主动放弃一城一地。中国共产党曾主动撤离江西苏维埃根据地和延安根据地，这就是游击战、运动战的大智慧。因为敌众我寡、敌强我弱，以小米加步枪与敌人美械大炮对垒，无异于以卵击石。他们暂时放弃这个城市，然后绕到敌后，狠狠打击。所以，撤离延安时，毛泽东说了一句，我们会用一个延安，换回一个新中国。

PART 04
将军与士兵：上下同欲者胜

晚唐战乱不休。诗人曹松颠沛流离，目睹士卒在战场上浴血奋战，百姓流离失所，因漂泊饥馑而成为饿殍，痛心疾首，写下千古传诵的《己亥岁》诗一首："泽国江山入战图，生民何计乐樵苏。凭君莫话封侯事，一将功成万骨枯。"意思是，大好河山陷入战火之中，百姓能够打柴割草平安度日都是乐事。请你不要再提什么封侯的事了，一将功成是靠千万士卒的生命换来的。

为将者的"五德"

在《孙子兵法》中，孙子对于"将"的要求十分严格，因为"将"对战争胜负能起决定作用。为将者，应具有"智、信、仁、勇、严"五种品德，曹操称此为五德，一个合格的将帅必须同时兼备足智多谋、崇高威信、仁义下士、勇猛果敢、严明法纪等五方面特质，缺一不可。孙子把"智"放在为将者的第一位，这是可以理解的，因为有才智，才能理解不战或慎战，才懂得伐谋、伐交，才能做到不战而屈人之兵。

在一般人心中，为将者皆是猛将、虎将、悍将，比如项羽。作为楚军主将，项羽的性格十分残暴。他不仅杀人无数，杀人方法也花样百出。

王陵是刘邦部下，也是刘邦老乡。当年在沛县，王陵比刘邦名气还大，是远近闻名的大孝子。项羽听说此事，就把王陵母亲扣押，以牵制王陵。一次，王陵派人来看母亲，项羽想借此机会请王母招降王陵。王母拒绝。为不拖累儿子，王母拔剑自刎。项羽一怒之下，将其烹杀。

楚汉后期，项羽处弱势，无奈之下，只好祭出手中的撒手锏——刘邦的父亲刘太公。项羽想通过烹杀刘太公要挟刘邦，逼刘邦就范。可是，刘邦不买账。项羽准备把刘太公推入汤镬，后因项伯劝说未能得逞。

作为军中主将，项羽是一员猛将、悍将，而对照孙子所要求的"五

✕ 江苏徐州、戏马台项羽雕塑。

德"，项羽勇有余而仁不足。项羽最后四面楚歌，喋血乌江，这样来看也似早有定数。

若说中国史上能当得起"五德"齐全的将领，南宋岳飞算一个。岳飞是中国历史上家喻户晓的一代名将，在他身上，智、信、仁、勇、严五德齐全，甚至加上"忠"字，堪称六德。岳飞一直是历代武将的标杆和榜样。除忠勇无比之外，岳飞胸怀百姓、仁义怀柔。

南宋绍兴三年（1133年）春天，江西虔州（今赣州）、吉州爆发了彭友等农民起义，声势较大，波及两广多地。岳飞奉命率部进剿。岳飞至吉州，首战生擒义军首领彭友、李满等人，又乘胜进攻虔州，分兵攻打叛军几百座山寨，各寨纷纷陷落，义军投降，虔州秩序恢复。不料，接到捷报的宋高宗却给岳飞下了一道密旨，命令岳飞屠虔州城。叛军已被擒获，为何还要屠城？密旨中写得很清楚："以隆祐震惊之故。"

隆祐太后孟氏原是宋哲宗的皇后，宋高宗赵构的伯母，尊称太后。建炎三年（1129年），隆祐准备往洪州（今南昌），金兵闻之，侵入江西，追击隆祐太后与潘妃等。护卫部队半路被击溃，随行的宫女大部分失散，隆祐太后坐着当地农民抬的小轿赶路。好不容易到了虔州，又遇叛兵纵火肆虐，太后被迫遁走。从此，隆祐太后受到惊吓，得了怪病。赵构为了安抚太后，闻岳飞平定虔州，遂命他屠城。

岳飞再三奏请朝廷，言明让太后受到惊吓，只与叛军头目有关，虔州百姓无辜，请求赵构"诛首恶而赦胁从"。后来终于说服皇上，只处死叛军头目。虔州百姓对岳飞感恩戴德，把他的画像挂在祠堂敬仰。

孙子从为将者需具备"仁爱"之心出发，提出了"爱卒"的观点。在《地形篇》中，他要求为将者要以父爱之心带兵，他说："视卒如婴儿，故可与之赴深溪；视卒如爱子，故可与之俱死。"当然，孙子的仁爱不是溺

✕ 杭州西湖景区岳飞像

爱。如果对士卒厚待而不发挥作用，溺爱而不教育，违法而不惩处，那就好像娇生惯养的子女一样，军队无法作战。（"厚而不能使，爱而不能令，乱而不能治，譬若骄子，不可用也。"）《谋攻篇》里说"上下同欲者胜"，即为将者施以仁爱，赢得兵卒之心，官兵上下同心合力，才能取得胜利。

PART 05
全胜思想：走向安国、人道与和平

　　在《孙子兵法》中，关于战争的"全胜"观，有两种表述。一是《谋攻篇》中的全胜观，即"屈人之兵而非战，拔人之城而非攻，毁人之国而非久。必以全争于天下，故兵不顿而利可全，此谋攻之法也"。这是从战略高度上来阐述全胜观。要达到全胜，孙子提出了"修道保法"的国家政策。大诗人杜牧对此的注解是："道者，仁义也；法者，法制也。善用兵者，先修仁义，保守法制。"

　　二是《形篇》的"全胜"，即"善守者藏于九地之下，善攻者动于九天之上，故能自保而全胜也"。意思是说，善防御者，隐蔽自己时深不可测；善进攻者，如神兵从天而降。既能保全自己，又能完胜。

　　孙子的两种不同状态下的全胜，前者是不战，后者是战争状态。前者是谋攻，不战而胜；后者要求以各种战术保存自己、消灭敌人，达到全胜。这对战场上的指挥员提出了更高的要求。

　　自古以来，一旦发生战争，双方无不是你死我活、互相残杀，一方以消灭另一方为目的。但孙子在《谋攻篇》中所阐述的"全胜"并不如此，他认为在战场上敌我双方对峙，不妨首先通过伐谋、伐交，至少可以达到五全的效果："全国为上，破国次之；全军为上，破军次之；全旅为上，破旅次之；全卒为上，破卒次之；全伍为上，破伍次之。"

《孙子兵法》中的人道思想

孙子所提倡的"全国""全军"，既包括保全自己的国家和军队，也包括保全敌方的国家和军队。"全国""全军"的根本目的，就是希望兵不血刃，让敌方不战而举国臣服，如此，没有伤亡，没有杀戮，在最大程度上减少战争对生产力的破坏。为什么说孙子所说的"全国"也包括敌方呢？原因很简单，即人道思想，伐谋、伐交永比杀伐文明。

如果说陶渊明为我们描绘了一个理想的桃花源社会，那么，孙子就为我们构想了一个理想的战争境界——不战而屈人之兵。孙子用了一个字"屈"，而不是消灭。孙子的战争观，不是消灭敌人，而是使之屈服。就这一个字，很鲜明地体现出孙子是位人道主义者，这是《孙子兵法》久传不衰的主要原因。

《孙子兵法》开篇讲"道"，分析了"道"的重要性。这里的道就是信仰，民心所向，而不仅仅是国君的意志。孙子说："道者，令民与上同意也，故可以与之死，可以与之生，而不畏危。"

在两千五百多年前，孙子就旗帜鲜明地提出了"令民与上同意"的思想，要想在战争中取得胜利，必须首先取得民心，赢得百姓的认同和支持，用今天的话来说，就是"人民战争"，这已成为中国共产党从无到有、从小到大、由弱到强，夺取全国胜利的重要法宝之一。

人民战争胜利的奥秘，就在于为群众谋利益，赢得广大百姓的信赖和支持。在发动战争之前除了"庙算"，还要想明白，发动战争是否符合国家与人民的利益，"合于利而动，不合于利而止"。因此，军事行动要"非利不动，非得不用，非危不战"。对于军事将领，则要求"进不求名，退不避罪，惟人是保"；而一国之君更"不可以怒而兴师"，因为战争的最终目的是保国安民。

孙子在《火攻篇》里谆谆告诫说："主不可以怒而兴师，将不可以愠而致战；合于利而动，不合于利而止。怒可以复喜，愠可以复悦，亡国不可以复存，死者不可以复生。故明君慎之，良将警之，此安国全军之道也。"不要轻易发动战争，凡对国家不利的、没有胜算把握的，不到危急之时都不要开战。君主不可因一时恼怒而起兵打仗，为将者不可凭一时怨愤而发动战争。此外，师出有名，符合国家利益的就行动，不符合国家的利益就停止。因为，恼怒还可以变为欢喜，怨恨也可以变为高兴，可是，国家灭亡了就不能复存，人死了也不可复生。所以明君对待战争一定要慎审，良将对待战争必须保持警惕，这样才可安定国家和保全军队。

"人道主义"与《孙子兵法》

现在国际社会践行、倡导的"人道主义"，这与《孙子兵法》在某些核心理念上存在着共通之处，这些共通之处体现了人类共同的价值追求和智慧。

人道主义，其核心思想是以人为本，强调尊重和保护人的生命、尊严和权利。人道主义要求关注人的生存和发展，对处于不幸和困境中的人给予同情和援助。孙子将国家和民众的生死存亡问题，放在战争指导的首位，关注敌对双方的生存权和发展权，力求把战争的破坏性降到最低限度。《孙子兵法》中对生命的尊重和珍视，与人道主义以人为本的核心思想相契合。

倡导和平、反对战争和冲突是人道主义的重要原则。人道主义认为，战争和冲突会给人类带来深重的灾难和痛苦，因此应该尽可能通过和平手段解决争端和分歧。孙子强调"上兵伐谋"，即通过智慧和策略来避免战争的发生，实现不战而屈人之兵，与人道主义不谋而合。

在应对人道主义危机时，国际社会需要灵活应变，根据具体情况制订有效的援助策略和方案。这要求各方具备高度的策略智慧和应变能力。而《孙子兵法》中，充满了灵活应变和策略智慧的精髓。孙子认为"兵无常势，水无常形"，战争形势瞬息万变，需要根据具体情况制订灵活的战术和策略。这种思想不仅适用于战争领域，对于处理国际关系和人道主义危机，也具有重要的启示意义。

仁胜，战争的最高境界

"仁"是中国传统伦理最高的道德原则，在谈论火攻、伐兵、攻城的《孙子兵法》中也讨论"仁"。仁爱是血腥战场上的一抹温情。孙子在书中有这样几种表达：爱卒、善卒、养卒、安国、保民、利主，等等。孙子强调重德保民，目的还是贯彻"不战而屈人之兵""必以全争于天下"的战略原则，以实现"安国全军"及"惟人是保"的战略目标。所以，以不战而屈人之兵得到的全胜，其实质是战争的最高境界，即仁胜。

"仁胜"还包括优待战俘。孙子说："车杂而乘之，卒善而养之，是谓胜敌而益强。"这是孙子对于俘虏的态度，意思是说，将缴获的战车编入我方军队；对于俘虏，要善待他们，使其为我所用，战胜敌人的同时，使自己也更加强大。孙子对待战俘"卒善而养之"的人道思想，在后来的两千多年时光里，得到了发扬光大。特别是在解放战争期间，中国共产党抓获了大量的国民党战俘，基本上都是进行教育、学习，然后加入解放军的队伍，掉转枪口，对准国民党军。

《孙子兵法》中有个著名论点："百战百胜，非善之善者也。"百战百胜，为什么不是最好的呢？百战百胜，这里面包含着血腥的杀戮，所谓杀敌一万，自损八千。胜利往往意味着代价，两败俱伤，特别是攻城那种大规模的作战。

国家的最终目标都是保国安民，而不是穷兵黩武去满足国君的个人喜好。《孙子兵法》自诞生之日起，直接推动了尚和平、贵谋略、崇全胜的中国军事文化传统的形成。

事实上，从《孙子兵法》诞生以来，中国的军事思想就特别注重从政治和道德的角度来约束战争，形成了崇和止战、奉行防御和注重人道的军事文化传统。新中国一直奉行积极防御的军事战略，在国际关系上积极倡导和平共处的五项原则，自觉践履人道主义。这是当代中国战争理论的主流。

这是孙子留给我们的伟大智慧，他教给我们如何"不战而屈人之兵"，如何"全国""全军"，如何"伐谋"，面对这个动荡不安的世界，孙子为我们指明了方向，那就是尽可能通过和谈、和解，和平解决争端，这是全世界的共同目标。

《孙子兵法》的世界意义

《孙子兵法》作为中国古代军事智慧的结晶，其影响早已跨越国界，成为世界军事文化的重要组成部分。早在一千多年前，《孙子兵法》就已经悄然流传至日本。据《续日本纪》记载，公元735年，日本遣唐使吉备真备将《孙子兵法》带回日本，开启了《孙子兵法》在日本乃至世界的流传历程。

随着时间的推移，《孙子兵法》逐渐传播到亚洲其他国家，如朝鲜半岛等。它也被翻译成多种语言，如法文、俄文、英文等，在全球范围内广泛传播。1772年，法国神父约瑟夫·阿米奥将《孙子兵法》翻译成法文在巴黎出版，开启了《孙子兵法》在欧洲的传播。1963年，美国海军退休准将格里菲斯对《孙子兵法》进行了逐字逐句的重新翻译，并由英国著名战略学家利德尔·哈特为之作序，进一步推动了《孙子兵法》在西方的影响力。

许多国家纷纷选择《孙子兵法》作为军校教材。"二战"期间，苏联的军事院校将《孙子兵法》作为军事史教学与研究的重要内容；英国的军事院校把《孙子兵法》列为战略学和军事理论的第一本必读书。"二战"后，日本军事院校把《孙子兵法》列为必读书籍。从20世纪70年代末开始，有关《孙子兵法》的课程成为美国军校学员的必修课，美国西点军校等军事院校均将《孙子兵法》列为学员的必读教材。

在战争和国际战略博弈中，《孙子兵法》的军事思想得到了广泛运用。例如，在1904年爆发的日俄战争中，日本联合舰队司令东乡平八郎运用"以逸待劳"战术，在对马海峡全歼了俄国舰队。这一胜利得益于其在军事领域对《孙子兵法》军事思想的成功运用。

企业家们从《孙子兵法》中汲取灵感，注重在市场竞争中保持诚信和产品质量的同时，灵活运用各种策略和手段来获得竞争优势。丰田公司作为全球领先的汽车制造商之一，其成功在于推行精益生产方式和持续改进的文化。丰田公司通过消除浪费、提高生产效率和质量，实现了成本降低和利润最大化。同时，丰田还注重与供应商和经销商的紧密合作，共同构建高效、灵活的供应链体系。这些策略体现了《孙子兵法》中"以正合，以奇胜"的原则，即在保持传统优势的同时，不断创新和突破。丰田的这一精益生产方式和持续改进的文化，使其在全球汽车市场占据领先地位，成为全球最具竞争力的汽车制造商之一。

此外，《孙子兵法》中的"上兵伐谋"思想也提醒各国的政治家和外交家，在解决国际争端和冲突时，应优先考虑通过外交手段来达成和平解决的目标。在制定政策和进行外交谈判时，他们可以通过全面的信息收集和深入分析，来把握局势的变化和对手的动向，从而制定出更加科学和有效的策略。

PART 06
《孙子兵法》与我们的生活

　　《孙子兵法》是世界上军事理论的开山之作，是中国古典文化遗产中的璀璨瑰宝。在中国，人们对这部兵法可谓妇孺皆知，几乎每个人都能说出书中"不战而屈人之兵""知己知彼，百战不殆"等战术名句。

　　尽管这部著作诞生于两千五百多年前，但其蕴含的深邃哲理、非凡智慧和卓越的策略原则，不仅在军事领域影响深远，在现代生活中的各个角落，也同样熠熠生辉。无论是职场竞争，还是体育比赛的激烈角逐，甚至是日常生活中的决策制定，《孙子兵法》的理念，至今能给人带来启发。

　　许多人将《孙子兵法》视为工作上的实用宝典和人生指南，这是因为孙子的战略思想与现实生活中的诸多挑战息息相关。从"知己知彼，百战不殆"的深刻洞察，到"兵无常势，水无常形"的灵活变通，无不为我们在处理复杂的人际关系、应对瞬息万变的竞争时，提供了宝贵的指导。

《孙子兵法》与职场

孙子对为将者提出了五大要求：智、信、仁、勇、严，俗称五德。孙子认为，如果将军身上具备了这五大要素，则是一名合格的将领，国君就可以放心把军队交给他，他可以"将在外，君命有所不受"，即遇到困难，可由其根据实情自行决断。同样，对于已入职场，或刚入职场者，不妨多对照孙子对于将军素质的"五德"来要求自己。

在职场上会遇到人际关系问题，比如，与上司关系，与客户关系，与同事关系，等等。如果你对《孙子兵法》有所了解，就可以从孙子所提供的"五德"角度，来处理人际关系，渐渐地就会发现，职场并不复杂。

孙兵除了提炼出为将者的"五德"——智、信、仁、勇、严，更以其非凡的智慧，对"五德"进行了排列，他将智排在首位，"勇"只排在第四位。这个排列很符合孙子的"不战"理论。所谓"智"，就是足智多谋，善于在复杂的情况下，想出锦囊妙计。为将者，首先要具备足智多谋的品质。孙子一再强调，上兵伐谋。他谆谆告诫用兵者："屈人之兵而非战也，拔人之城而非攻也，毁人之国而非久也。"意思是，使敌军屈服并非靠硬拼硬打，夺取敌人的城寨并非靠强攻，灭亡敌人的国家并非靠持久的攻战。总之，要想取得战场上的胜利，最理想的办法，就是"伐谋"。

在职场上如何伐谋？知己知彼。先了解和熟悉身边的人。了解别人的过程，也是在了解自己。寻找差距，有不足的，就虚心学习；不懂的，就虚心求教。智，也包括各种变通，即相机行事，随机应变，拒绝墨守成规。

"奇正相生""避实而击虚"，这也是孙子关于"智"的战术思想，即识权变，识变通。伐谋、出奇制胜，则是智的高最表现形式。要善于出奇，从薄弱处入手，避开最坚实的部分。

如果和同事有了矛盾，不要有心理负担。日常生活中有矛盾是常态，因为各人认识不同，所处的环境不同，大家意见不一致都属正常，但一定要用智谋使彼此间的矛盾缓和。这里不是使对方屈服，而是与对方缓和关系，找到双方的平衡点，这个点一定存在，也一定能找到。

信者，诚也。信任、信服、威信，说话算数，赏罚严明。作为员工，要言而有信；作为领导，要求令行禁止，赏罚分明。今天在职场中，要立稳足跟，就必须恪守信用，与身边人建立良好关系，这个关系建立的基础，就是诚信。人无信不立，有诚信的人一定会有朋友，没有诚信的人，会信用破产。在当代社会，信用破产是很麻烦的事，信用破产的人，往往会遭到摒弃，少有人理会他。

作为领导，要仁爱部下，即孙子说的"视卒如婴儿""视卒如爱子"。但是，作为大部分员工来说，对身边的同事、对生命都要拥有一颗仁爱之心。在中国，儒家思想最讲仁爱，《论语》中提到"仁者爱人"，关爱他人的人，往往充满仁爱之心。在职场上，拥有仁爱与善念之心的人，一定不会孤单。

在战场上，勇就是骁勇善战，敢打敢拼。在职场上，也是如此。职场就是我们工作谋生的场所，所以我们必须鼓足勇气做好这份工作。在职场上顽强生存，既要有突破现状、另辟蹊径的勇气，也要有宽恕他人错误的勇气。

孙子所说的"严"，就是号令严明，要求军队有严格的纪律。作为职场人，"严"可称之为自律。认准一事，就全力以赴，严格执行。自律的人无论做什么，都能够在最短的时间里，以最高的效率完成。

《孙子兵法》就是一本商战指南

俗话说，商场如战场。商场就是没有硝烟的战场。《孙子兵法》中的"将听吾计""知己知彼"等基本战术原则，不只是应用在军事上，也适合用来作为经营商场的方针和策略，成为现代企业的管理之道。

《孙子兵法》多次直接或间接提到"信"，即诚实守信。"信"是对将帅的要求，信赏明罚，由此产生威信，这对我们日常生活，特别是创业经商都有现实的指导意义。

徽商以其百折不挠的进取精神，曾雄踞华夏商界三百年之久。其经商理念中的核心，即诚信为本，以是无数徽商时刻遵守的道德底线。晚清著名红顶商人胡雪岩，一生信奉"诚信"二字，成为徽商里最杰出的代表。

胡雪岩，徽州府绩溪县湖里人氏，年幼时家境贫困，以放牛为生，清咸丰十一年（1861年），当时太平军攻打杭州，胡雪岩从上海、宁波运军火、粮食接济清军，由此受到了左宗棠的赏识。后来胡雪岩开了阜康钱庄，因有左宗棠的支持，大小官员都将自己的钱财存进钱庄，由于胡雪岩诚信经营，钱庄利润颇丰，短短数年内，胡雪岩操纵江浙商业，资金最高时达2000万两以上，成为当时的中国首富。

1878年，正值盛年的胡雪岩，出巨资开办了江南最大的药府"胡庆余堂"国药店，地址在今杭州大井巷95号。进入店中，匾额题刻琳琅满目，"是乃仁术""真不二价""顾客乃养命之源"等，无一不在透露胡雪岩诚信的经营理念。其他匾牌都是挂给顾客看，独此"戒欺"匾原是朝里挂着，面向坐堂掌柜。匾文如下："凡百贸易均着不得欺字，药业关系性命，尤为万不可欺。余存心济世，誓不以劣品弋取厚利，惟愿诸君心余之心，采办务真，修制务精，不至欺予以欺世人，是则造福冥冥，谓诸君之善为余谋也可，谓诸君之善自为谋亦可。"

寥寥数十字，胡雪岩苦口婆心告诫员工，药业关系性命，切不可为取厚利而欺客。胡雪岩推行"戒欺"和"真不二价"的经营理念，就是货真价实，童叟无欺。因此胡庆余堂名声大噪。在民间，有"北有同仁堂，南有胡庆余"之称。

在行业竞争中，同城许广和药店曾经设下圈套，将一批掺杂混假的麝香卖给庆余堂，用以制作避瘟丹，结果导致一些病人吃了"胡氏避瘟丹"后产生了不良反应，胡雪岩追查原因，果断采取措施：无偿救治患者，当众销毁伪劣药品，严肃处理当事人，并在报馆发表声明，澄清事实真相，从而力挽危局，为胡庆余堂赢得了更高的声誉。

在古代，有个叫韩康的郎中，精通医药，以采药卖药为生。韩康卖的

✕ 胡雪岩故居

都是货真价实的药材，他从不讨价还价，原因就是，这个药就值这个价，时人称之"真不二价"。胡雪岩借用了"真不二价"，就是想向顾客证明，胡庆余堂诚信经营，货真价实，童叟无欺。为了得到正宗的鹿茸，胡雪岩亲自饲养鹿。每当胡庆余堂制作全鹿丸时，胡雪岩叫伙计穿着庆余堂号衣，抬着活鹿，扛着广告牌，上面写着"本堂谨择某月某日黄道良辰，虔诚修合大补全鹿丸，胡庆余堂雪记主人启"，敲锣打鼓游街一圈，然后回来当众杀鹿，以示货真无欺。

胡雪岩能够白手起家，至富可敌国，这与他的"诚信、戒欺"的经营理念分不开。诚信经营，提高信誉度，成就胡雪岩的商业帝国，道理并不复杂，可又有多少人能做到呢？

《孙子兵法》具有超越时空的价值，对现代社会生活产生了广泛而深远的影响。熟读并应用《孙子兵法》是提升个人素养、团队协作乃至国家治理能力的有效途径。这部古老兵书的精神内核，至今闪耀着智慧的光芒，对当下的社会生活有着深刻的启迪。

《孙子兵法》与体育赛事

在备战北京奥运会的过程中，日本足球队"U–21"的备战方法非常独特。球员们集体学习《孙子兵法》，希望通过这种古老的军事智慧来提升球队的战术素养和心理素质。

在确定参加北京奥运会的队员名单后，球队进入了团体集训阶段。除了日常训练外，最引人注目的就是《孙子兵法》培训讲座。球队特意在紧张的训练中抽出一天时间，邀请日本著名的《孙子兵法》研究家、庆应大学教授国分良成来为队员们讲解《孙子兵法》。

通过学习《孙子兵法》，日本足球队不仅在战术上更加灵活多变，而且在心理上也更加自信和坚定。这种将传统文化与现代体育相结合的做法，无疑为球队的成功增添了不少助力。在北京奥运会上，日本足球队展现出了出色的战术素养和心理素质，取得了优异的成绩。

日本足球队在学习《孙子兵法》的过程中，特别注重"知己知彼，百战不殆"的战略思想。他们在赛前会仔细研究对手的出场阵容、技术特点和战术习惯，以便进行针对性的训练。

在比赛中，他们会根据对手的实际情况灵活调整战术，做到以己之长攻敌之短。此外，他们还学习了《孙子兵法》中关于心理战的部分，通过制造声势、干扰对手等手段来瓦解对手的士气，从而在比赛中占据主动。

日本足球队在学习《孙子兵法》后的几年里，展现出不俗的实力和成绩。例如，在2010年广州亚运会上，日本男女足均包揽了冠军奖牌，这充分展示了日本足球的整体实力。此外，在2011年，日本足球队还再次获得了亚洲杯的冠军，成为"四冠王"。这些成就无疑是对日本足球队实力和策略运用的一种肯定。

这充分展示了《孙子兵法》在体育赛事中的实际应用价值，也告诉我们，传统文化中的智慧是可以跨越时空界限，为现代社会的各个领域，提供有益的启示和借鉴。

参考文献：

【1】朱千华.临淄故城：海王之国的繁盛都会【J】.《中国国家地理·淄博增刊》，2020.

【2】陈秋祥.孙武的生年和奔吴年【J】.《上海师范大学学报》，1995年第2期.

【3】夏商周断代工程专家组.夏商周断代工程报告【M】.科学出版社，2022.

【4】陈曦，姜尚.六韬【M】.中华书局，2011.

【5】任继愈.中国哲学史【M】.人民出版社，1998.

【6】山东博物馆、临沂文物组.临沂银雀山汉墓发掘简报【J】.《文物》，1974，2

【7】叶适.习学纪言【M】.上海古籍出版社，1992.

【8】孙武.十一家注孙子【M】.中华书局，2012.

【9】杨成武.杨成武回忆录【M】.解放军出版社，2005.

【10】欧阳雪梅.长征中的毛泽东及三人军事指挥小组【M】.湖南人民出版社，2006.

【11】中国工农红军长征史料丛书编审委员会.中国工农红军长征史料丛书【M】.解放军出版社，2016.

【12】武国卿.中国战争史【M】.人民出版社，2017.

【13】中共中央党史研究室第一研究部.红军长征史【M】.中共党史出版社，2006.

【14】萧一平 郭德宏.中国抗日战争全史【M】.四川人民出版社，2005.

附录

作者以历史上广为流传的宋本《十一家注孙子》为底本，参考1972年4月在山东临沂银雀山汉墓出土的《孙子兵法》等发现，对原古文进行了准确、简洁的白话文翻译。

（1）计篇

【原文】

孙子曰：兵者，国之大事，死生之地，存亡之道，不可不察也。

经之以五事，校之以计，而索其情：一曰道，二曰天，三曰地，四曰将，五曰法。

道者，令民与上同意也，故可以与之死，可以与之生，而不畏危；天者，阴阳、寒暑、时制也；地者，远近、险易、广狭、死生也；将者，智、信、仁、勇、严也；法者，曲制、官道、主用也。凡此五者，将莫不闻，知之者胜，不知者不胜。

故校之以计而索其情，曰：主孰有道？将孰有能？天地孰得？法令孰行？兵众孰强？士卒孰练？赏罚孰明？吾以此知胜负矣。

将听吾计，用之必胜，留之；将不听吾计，用之必败，去之。

计利以听，乃为之势，以佐其外。势者，因利而制权也。

兵者，诡道也。故能而示之不能，用而示之不用，近而示之远，远而示之近；利而诱之，乱而取之，实而备之，强而避之，怒而挠之，卑而骄之，佚而劳之，亲而离之。攻其无备，出其不意。此兵家之胜，不可先传也。

夫未战而庙算胜者，得算多也；未战而庙算不胜者，得算少也。多算胜，少算不胜，而况于无算乎？吾以此观之，胜负见矣。

【白话】

孙子说，战争是一国大事，关系到百姓生死、国家存亡，不可不详加考察研究。

如何判断能否开战？可分析五事，即从战争五大要素进行研究：道、天、地、将、法。

道是一种国家精神，可使君民一心，上下同欲，万死不辞；天即天时，指日夜、阴晴、寒暑、四季更替等；地主要指地理环境，如远近、险易、广狭、绝境和活地等；将指主帅的智慧、威信、仁爱、勇敢、严明等；法即军中各级管理、法令制度、军需供给等。上述五点，主将莫不熟知，但要学会融会贯通，知晓变通者胜，否则败。

判断战争胜负，可研究七计，即从七个方面来分析：君主是否政治清明？主帅是否更有智慧？哪一方占天时地利？哪一方令行禁止、政令畅通？武器装备是否精良？士卒平常是否训练？赏罚是否公正严明？对此七计研判，我就知道胜负。大王您若能采纳我的谋划，打仗必胜，我就留下；若不屑我的谋划，打仗必败，那我就告辞了。

经过权衡利弊、采纳良策，即可形成对我有利态势，作为战争胜算的外部条件。所谓态势，即根据战场上的实际情况，做出有利于我方的相应调整，即机动灵活，掌握战争主动权。

用兵打仗，有时各种条件都不如敌方，可用变化之术，在运动中克敌制胜。比如，明明能征善战，一定要装傻，表现出胆怯无能；若准备出兵，一定要伪装成毫无斗志，终日耽于享乐；要攻打近处目标，可造成劳师远征的假象；若想攻打远处目标，则要装出近水楼台先得月的样子。敌人贪利，就用小利诱其上当；敌人混乱时，就乱中取胜；敌人实力雄厚时，时时防备他；敌人强大，可避其锋芒；敌人脾气暴躁，就经常去撩拨他、激怒他，让其抓狂失去理智；敌人自卑而谨慎，就想办法吹嘘，让他膨胀，丧失警惕；敌人在休整，就要设法骚扰他、折腾他，使其疲惫不堪；敌人内部团结，则离间他。总之，趁着敌人不注意，就攻击他毫无防备的地方。这些兵家妙计，无法在事先一一告知。

在开战之前，对各种条件进行评估，有胜算的，是因为各项有利条件多；评估打不赢的，是因为缺少取胜的条件。多准备，胜算就多；少准备，胜算就不大，没有准备就不用谈了。据此观察，胜负显而易见。

（2）作战篇

【原文】

孙子曰：凡用兵之法，驰车千驷，革车千乘，带甲十万，千里馈粮，则内外之费，宾客之用，胶漆之材，车甲之奉，日费千金，然后十万之师举矣。

其用战也胜，久则顿兵挫锐，攻城则力屈，久暴师则国用不足。夫顿兵挫锐、屈力殚货，则诸侯乘其弊而起，虽有智者，不能善其后矣。故兵闻拙速，未睹巧之久也。夫兵久而国利者，未之有也。故不尽知用兵之害者，则不能尽知用兵之利也。

善用兵者，役不再籍，粮不三载。取用于国，因粮于敌，故军食可足也。

国之贫于师者远输，远输则百姓贫。近于师者贵卖，贵卖则百姓财竭，财竭则急于丘役。力屈、财殚，中原内虚于家。百姓之费，十去其七；公家之费，破车罢马，甲胄矢弩，戟楯蔽橹，丘牛大车，十去其六。

故智将务食于敌，食敌一钟，当吾二十钟；慝秆一石，当吾二十石。

故杀敌者，怒也；取敌之利者，货也。故车战，得车十乘已上，赏其先得者，而更其旌旗，车杂而乘之，卒善而养之，是谓胜敌而益强。

故兵贵胜，不贵久。故知兵之将，生民之司命，国家安危之主也。

【白话】

孙子认为，大凡用兵作战，动辄需要轻型战车千辆、重型战车千辆，全副武装的步卒十万人，还要千里运粮草，前、后方的各种开支，比如招待使节、谋士的用度，胶、漆等耗材费用，战车维修等，每天耗费的预算不下千金。这些准备好，十万大军才能开拔。

故用兵要诀，兵贵神速，速战速决。战事旷日持久，势必拖泥带水，战士疲惫，锐气受挫，攻城时就会力不从心。长期在外打仗，国家财政也会吃紧。战士疲惫、锐气挫伤、国力耗尽，其他诸侯国就会趁火打劫。那时，谋士再多，也无力回天。实战中，有的将领缺少高招，但他仍知速胜的道理，从没见过良将打持久战的。旷日持久的战争对国家毫无益处。所以，不了解用兵误缓之弊端，就不明白速战速决的好处。

良将用兵，绝不多次征兵，粮草也绝不多次征送。兵甲战器，取于国内，但粮草补给，得设法从敌人那里获得，这样，可保军粮充足。

国家因战争陷于贫困，很重要的原因是长途运输军用物资。长途运输，百姓倾其所有，极易致贫；临近军营，物价昂贵，部队财源枯竭，国家就要加重征收赋税和徭役。军力耗尽，财政掏空，国库和国民家中所剩无几。百姓财产因战争十去其七，国家资产，也因车损、马病，以及盔甲、箭弩、枪戟、盾牌、牛车、战车的制作和补充，损耗高达十分之六。

所以，良将总会从敌人那里获得补给，食敌粮一钟，就等同从本国运送二十钟粮食；消耗敌人一石草料，相当于从本国运送二十石草料。

战场上将士奋勇杀敌，是因为他们同仇敌忾。夺取敌人军需物资，是因为能获得奖赏。车战中，若缴获敌人战车十辆以上，就奖励最先缴者。缴获的战车，须立即换我方旗帜，编入我方车队。对待俘虏，要予以优待，这就是战胜敌人，强大自己。

所以，作战宜速胜，不可久拖不决。懂得用兵的将帅，既掌握着国人的生死，也是国家安危存亡的主宰。

（3）谋攻篇

【原文】

孙子曰：凡用兵之法：全国为上，破国次之；全军为上，破军次之；全旅为上，破旅次之；全卒为上，破卒次之；全伍为上，破伍次之[1]。是故百战百胜，非善之善者也；不战而屈人之兵，善之善者也。

故上兵伐谋，其次伐交，其次伐兵，其下攻城。攻城之法，为不得已。修橹轒辒（fén wēn），具器械，三月而后成；距堙，又三月而后已。将不胜其忿而蚁附之，杀士卒三分之一，而城不拔者，此攻之灾也。

故善用兵者，屈人之兵而非战也，拔人之城而非攻也，毁人之国而非久也，必以全争于天下，故兵不顿而利可全，此谋攻之法也。故用兵之法，十则围之，五则攻之，倍则分之，敌则能战之，少则能逃之，不若则能避之。故小敌之坚，大敌之擒也。

夫将者，国之辅也。辅周则国必强，辅隙则国必弱。

故君之所以患于军者三：不知军之不可以进而谓之进，不知军之不可以退而谓之退，是谓縻军；不知三军之事，而同三军之政者，则军士惑矣；不知三军之权，而同三军之任，则军士疑矣。三军既惑且疑，则诸侯之难至矣，是谓乱军引胜。

故知胜有五：知可以战与不可以战者胜，识众寡之用者胜，上下同欲者胜，以虞待不虞者胜，将能而君不御者胜。此五者，知胜之道也。

---

[1]军、旅、卒、伍：古代军队编制，一伍计五人，一卒计百人，一旅计五百人，一军计一万二千五百人。

故曰：知彼知己者，百战不殆；不知彼而知己，一胜一负；不知彼不知己，每战必败。

【白话】

孙子说，用兵原则，使敌方举国投降为上策，若以兵击破，败而得之，则不完美；全军、全旅、全卒、全伍，莫不如此。因此，百战百胜还算不上有多高明，不战而使敌人屈服才是上上策。

战争中，最理想的军事手段，就是用谋略战胜对方；其次是通过外交与谈判手段取胜；再次，双方兵戎相见，以武力取胜。下下策是攻城，攻城，实迫不得已。要制造攻城的撞车、楼车等，还要准备弩机、云梯等器械，要一个月才完成。筑土堙塞[1]，又要花三个月。时间久了，主将情绪失控，驱使士卒像蚂蚁一样爬梯攻城，士卒伤亡三分之一，城不一定能攻破，可见攻城之难。

所以，善用兵者，让敌人屈服绝不在于交战，夺城绝不靠强攻，灭亡敌国绝不久拖不决，一定有完美全胜的谋略能做到。兵卒毫发未损即可夺得胜利，这就是以谋略克敌的效果。所以用兵之法：若我方兵力十倍于敌人，则围而歼之；五倍于敌人，则可发起猛攻；我方兵力二比一于敌方，则分散敌人各个击破，敌我兵力相当，则各显神通进行对抗。我方兵力少于敌方时，就要设法甩掉敌人；各方面条件均不如敌方时，则避免与敌方正面交锋。弱小的军队如果硬拼固守，则很容易成为劲敌的俘虏。

将帅是国君的助手，辅佐周全，国必强大；辅佐不力，则国必削弱。

国君不懂打仗而乱指挥，可致三种危害：不知军队不可进攻，却强令进攻；不了解军队不能撤退，而强令撤退，这就叫乱指挥；不懂战争却要

---

[1]古代火炮发明之前的一种攻城方法。让士兵在城墙下填土，堆出一座可以爬上城墙的小山坡，然后让士兵沿着山坡冲上城墙。

对军队横加干涉，战士会惶惑不安；不懂得作战随机应变却要充当指挥，战士就会疑窦丛生。若战士既疑惑又疑虑，无所适从，则其他诸侯就会趁机举兵来伐。这就是自乱阵脚，错失胜机。

以下五种情况可知胜算：在战争中懂攻守之道者胜；根据双方兵力多寡而灵活作战者胜；将、士同仇敌忾者胜；以有备之师对无备者胜；良将打仗，国君不妄加干预者胜。有这五条，可预测战争胜负。所以说：知彼知己，每次作战都不会有危险；不知彼而知己，一胜一负；不知彼不知己，每战必败。

（4）形篇

【原文】

孙子曰：昔之善战者，先为不可胜，以待敌之可胜。不可胜在己，可胜在敌。故善战者，能为不可胜，不能使敌之必可胜。故曰：胜可知，而不可为。

不可胜者，守也；可胜者，攻也。守则不足，攻则有余。善守者，藏于九地之下；善攻者，动于九天之上；故能自保而全胜也。

见胜不过众人之所知，非善之善者也；战胜而天下曰善，非善之善者也。故举秋毫不为多力，见日月不为明目，闻雷霆不为聪耳。古之所谓善战者，胜于易胜者也。故善战者之胜也，无智名，无勇功。故其战胜不忒。不忒者，其所措必胜，胜已败者也。故善战者，立于不败之地，而不失敌之败也。是故胜兵先胜而后求战，败兵先战而后求胜。

善用兵者，修道而保法，故能为胜败之政。兵法：一曰度，二曰量，三曰数，四曰称，五曰胜。地生度，度生量，量生数，数生称，称生胜。

故胜兵若以镒称铢[1]，败兵若以铢称镒。胜者之战民也，若决积水于千仞[2]之溪者，形也。

【白话】

孙子说：古之良将，首先要保全自己立于不败，再伺机克敌。不被敌人战胜的关键，在于我不出错；而战胜敌人的关键，在于敌人是否出错。所以良将能够创造条件不被敌方战胜，却不能保证敌方一定被我战胜。故胜可预见，但不可求。

若不想被敌方战胜，可重点防御；若想战胜敌人，则需讲攻。防御，是我方实力不足；进攻，则是我方实力强大。善防御者，隐蔽自己时深不可测；善进攻者，如神兵从天而降。既能保全自己，又能完胜。

一般人都能预见的胜利，不算高明的胜利；通过激战取胜，虽然大家都说好，也不算高明的胜利。这就像举起秋毫不能算力大，能看见日月不能算视力好，能听到雷鸣算不上耳灵。古时所谓良将，总是取胜于容易战胜的敌人，因此，那些良将打胜仗，既没有露出智慧的名声，也不见盖世武功，但他们获胜理所当然，之所以这么说，是因为他们的作战措施，已建立在必胜的基础上，所战胜的都是已处于失败地位的人。良将总是先确保自己不败，同时，不放过任何击败敌人的机会。所以，打胜仗的军队，总是先创造战胜敌人的条件，然后伺机交战；而败军之师，总是先冒险交战，再期盼侥幸取胜。

良将都善于研究兵法，找出必胜规律，成为战争胜负的主宰。兵法上说，衡量胜负，一是度，即土地面积；二是量，即物产收成；三是数，即兵员多寡；四是称，即综合实力；五是胜，即判断胜负。国土状况，决定

---

[1]镒（yì）、铢（zhū）：古代重量单位。一镒为二十四两，一铢等于一两的二十四分之一。镒比铢重576倍。这里用来比喻两军实力悬殊。

[2]千仞：仞（rèn）古代长度单位。一仞等于8尺，千仞言极高。

着耕地面积大小；耕地大小决定着粮食收成；粮食收成决定了兵员数量；兵员数量决定了国家实力大小；国家实力，决定了能否在战争中取胜。

胜者对于败者，就像用镒与铢相比较，占绝对优势；而败者对于胜者，就像用铢与镒相比较，处于绝对劣势。胜券在握的将帅指挥士卒打仗，就像千仞之高的山涧决开积水，一泻千里，这就是战争中的"形"——不可抗拒的军事实力。

（5）势篇

【原文】

孙子曰：凡治众如治寡，分数是也；斗众如斗寡，形名是也；三军之众，可使必受敌而无败者，奇正是也；兵之所加，如以碫投卵者，虚实是也。

凡战者，以正合，以奇胜。故善出奇者，无穷如天地，不竭如江河。终而复始，日月是也；死而复生，四时是也。声不过五，五声之变，不可胜听也。色不过五，五色之变，不可胜观也。味不过五，五味之变，不可胜尝也。战势不过奇正，奇正之变，不可胜穷也。奇正相生，如循环之无端，孰能穷之？

激水之疾，至于漂石者，势也；鸷鸟之疾，至于毁折者，节也。是故善战者，其势险，其节短。势如彍弩，节如发机。

纷纷纭纭，斗乱而不可乱也；浑浑沌沌，形圆而不可败也。乱生于治，怯生于勇，弱生于强。治乱，数也；勇怯，势也；强弱，形也。故善动敌者，形之，敌必从之；予之，敌必取之。以利动之，以卒待之。

故善战者，求之于势，不责于人，故能择人而任势。任势者，其战人也，如转木石。木石之性，安则静，危则动，方则止，圆则行。故善战人之势，如转圆石于千仞之山者，势也。

【白话】

孙子说：统领大部队与率领小部队一样，靠的是合理的编制管理；指挥大部队作战与指挥小部队作战一样，依靠号令进退有法；统领大军，临敌而不败，靠的是"奇正"战术变化；打击敌人，如同以石击卵，靠的是避实击虚，机动灵活。

凡用兵者，都是用"正兵"迎敌，以"奇兵"取胜。善于出奇制胜的将帅，运用"奇正"战术就像天地万物，变幻无穷，又如江河一样绵绵不竭。终而复始，像日月运行；死而复生，像四时更迭。乐声不过五音[1]，五音却可以不断组合，形成的好曲多得听不过来；颜色不过五种，可五色却能调色作画，令人目不暇接；滋味不过五种，五味调配的变化，多得尝不过来。作战的方式与方法，不过"奇正"二字。奇正之变化，无穷无尽；奇正之转化，就像太极阴阳，循环相生，无有止境。

流水湍急，能冲走石头，因为水有强大的势能；猛禽迅疾高飞，能准确捕杀猎物，得益于其出击的时机与节奏。所以，良将先隐蔽地接近敌人，然后出其不意，突袭对方。势，就像拉满的强弓；节，就像突发的弩机。战斗开始时，旌旗、人马混杂，但自己的军队不能乱，战场上，看起来双方纷杂不清，但心中要有章法，布阵严谨，才能不败。示敌混乱，实则进退有序；示敌怯弱，实则勇猛；示敌弱小，实则实力强大。队伍严整或混乱，这是组织编制问题；勇敢或胆怯，这是战场态势问题；强大或弱小，这是军队实力问题。

所以，善于调动敌人的指挥者，迷惑敌人，敌必上当；给予敌人一点

---

[1] 五音即宫、商、角、徵、羽，起源于春秋时期，是中国古乐五个基本音阶。

好处，敌必取之。这样，就可用蝇头小利诱惑敌人，再伺机伏击敌人。

所以，良将用兵，总是先谋划有利的战争态势，而不是苛求部属，所以他能选择适当的人才，去创造和利用有利态势。对战争形势有清醒认识的将帅，指挥士卒作战，就像从山顶推动滚木礌石。木头和石头放在平地，就静止不动；放在陡坡，就容易滚动；滚木礌石呈方形，就不动，圆的就滚得飞快。故良将与敌人作战，所谋划的"势"，就如同将沉重的滚木礌石，从千仞之高的山上推下来，那就是势。

（6）虚实篇

【原文】

孙子曰：凡先处战地而待敌者佚，后处战地而趋战者劳。故善战者，致人而不致于人。能使敌人自至者，利之也；能使敌人不得至者，害之也。故敌佚能劳之，饱能饥之，安能动之。

出其所不趋，趋其所不意。行千里而不劳者，行于无人之地也。攻而必取者，攻其所不守也；守而必固者，守其所必攻也。故善攻者，敌不知其所守；善守者，敌不知其所攻。微乎微乎，至于无形；神乎神乎，至于无声，故能为敌之司命。

进而不可御者，冲其虚也；退而不可追者，速而不可及也。故我欲战，敌虽高垒深沟，不得不与我战者，攻其所必救也；我不欲战，画地而守之，敌不得与我战者，乖其所之也。

故形人而我无形，则我专而敌分。我专为一，敌分为十，是以十攻其一也，则我众而敌寡。能以众击寡者，则吾之所与战者，约矣。吾所与战之地不可知，不可知，则敌所备者多。敌所备者多，则吾所与战者，寡矣。

故备前则后寡，备后则前寡，备左则右寡，备右则左寡。无所不备，则无所不寡。寡者，备人者也；众者，使人备己者也。

故知战之地，知战之日，则可千里而会战；不知战地，不知战日，则左不能救右，右不能救左，前不能救后，后不能救前，而况远者数十里，近者数里乎！以吾度之，越人之兵虽多，亦奚益于胜败哉！故曰胜可为也。敌虽众，可使无斗。

故策之而知得失之计，作之而知动静之理，形之而知死生之地，角之而知有余不足之处。故形兵之极，至于无形；无形，则深间不能窥，智者不能谋。

因形而措胜于众，众不能知。人皆知我所以胜之形，而莫知吾所以制胜之形。故其战胜不复，而应形于无穷。

夫兵形象水，水之形，避高而趋下，兵之形，避实而击虚。水因地而制流，兵因敌而制胜。故兵无常势，水无常形。能因敌变化而取胜者，谓之神。故五行无常胜，四时无常位，日有短长，月有死生。

【白话】

孙子说，先到战场，立即部署战术，则可以逸待劳；后达战场者，则仓促被动。故良将总是善于调动敌人，而不被敌人左右。能让敌人自投罗网，是用小利引诱的结果；能使敌方不能到达战区，是制造困难牵制敌人的结果。所以，若敌人休息，就设法使之疲于奔命；若敌人粮草充足，就设法切断补给使之饥饿；若敌方安静不动，就设法骚扰他，伺机而歼。

我方攻打的目标，一定要使敌方无法救援。我方进军的目标，一要让敌人意想不到。行军千里而不疲顿，是因为敌方在该地防守空虚；进攻得手，是敌人防守薄弱；防守牢固的地方，一定是敌人不能或无法进攻的地方。善于进攻者，可使敌方不知在哪里防守；善于防守者，能使敌方不知在哪里进攻。这很微妙，看不出一点形迹；也很神秘，竟听不到一点声息，所以能主宰敌军命运。

向敌方进攻时锐不可当，是因为以实击虚；我撤退时，敌追不上，是我方速度太快。所以我方想开战，敌方虽有高垒深沟，也得应战，因我攻打的是敌方必救之目标；若我不想开战，即使圈地而守，敌方也无法来战，因我已诱敌他去。

所以，一定要让敌人暴露形迹，隐蔽我方虚实，这样我方就会兵力集中，敌方兵力分散。我军拧成一股合力，敌方分散为十股，这样，我众敌寡，就能以十击一。若能做到以众击寡，则与我军作战的敌人就少了。我准备进攻哪里，敌方并不知。不知我军动向，敌军就要处处派兵设防，这样与我作战的兵力就减少了。

敌人防守前面，后面兵力就弱；防守后面，前面就弱；防左边，右边就弱；防右边，左边就弱。处处设防，兵力就分散，就处处薄弱。敌方兵弱，是因为处处把守，兵力分散；我方兵众，是因为迫使敌方分散兵力，处处设防。

与敌交战，若能预知交战地点、时间，则跋涉千里也可会战。不知地点与时间，则左翼救不了右翼，右翼也救不了左翼，前不能救后，后不能救前，况且这是战场，远的相距几十里，近的也有数里地。据我（孙武）判断，越国兵虽多，但对胜败而言，并无裨益。所以，胜在人为！敌兵虽众，可分散之，使之无法与我交战。

所以，对于作战计划，要认真分析，以便了解得失利害；挑动敌人行动，可了解敌人活动规律；用假象诱敌，可了解敌情的利弊；进行火力侦察，可了解敌人的虚实与强弱。所以，用假象迷惑敌人，用到极致，可使敌人看不出一点破绽。这样，隐藏再深的间谍，也不知我军虚实；再高深的参谋，对我也束手无策。

用各种灵活多变的战术取胜，一般人并不知个中原委。大家都知道我指挥若定，却不知我在战前已做过很多侦察，才能出奇制胜。所以每次战术，都不重复，而是根据敌情不断变化。

用兵规律，有点像流水，水从高处往低处流。用兵规律，就是避敌之坚实而击其所虚。水沿地势高低，流向不同方向，用兵也要根据敌情变化，对战术做出调整。所以，用兵没有固定不变的模式，就像流水没有固定形态。因敌情实变而灵活机动取胜，那简直就是用兵如神。

用兵如"五行"[1]，相生相克，又如四季交替更迭，没有哪一季是固定不移的。就像日月，昼有长短，月有盈亏。

(7) 军争篇

【原文】

孙子曰：凡用兵之法，将受命于君，合军聚众，交和而舍，莫难于军争。军争之难者，以迂为直，以患为利。故迂其途，而诱之以利，后人发，先人至，此知迂直之计者也。

故军争为利，军争为危。举军而争利，则不及；委军而争利，则辎重捐。

是故卷甲而趋，日夜不处，倍道兼行，百里而争利，则擒三将军，劲者先，疲者后，其法十一而至；五十里而争利，则蹶上将军，其法半至；三十里而争利，则三分之二至。是故军无辎重则亡，无粮食则亡，无委积则亡。

---

[1]指古人把金、木、水、火、土称为"五行"。中国古代哲学家认为，这五种物质构成世界万物，并用五行理论来说明世界万物的形成及其相互关系，认为"五行相生相克"，相生，即木生火，火生土，土生金，金生水，水生木；相克，即金克木，木克土，土克水，水克火，火克金。

故不知诸侯之谋者，不能豫交；不知山林、险阻、沮泽之形者，不能行军；不用乡导者，不能得地利。故兵以诈立，以利动，以分合为变者也。故其疾如风，其徐如林，侵掠如火，不动如山，难知如阴，动如雷震。掠乡分众，廓地分利，悬权而动。先知迂直之计者胜，此军争之法也。

《军政》曰："言不相闻，故为鼓金；视不相见，故为旌旗。"夫金鼓旌旗者，所以一人之耳目也。人既专一，则勇者不得独进，怯者不得独退，此用众之法也。故夜战多火鼓，昼战多旌旗，所以变人之耳目也。

故三军可夺气，将军可夺心。是故朝气锐，昼气惰，暮气归。故善用兵者，避其锐气，击其惰归，此治气者也。以治待乱，以静待哗，此治心者也。以近待远，以逸待劳，以饱待饥，此治力者也。无邀正正之旗，勿击堂堂之陈，此治变者也。

故用兵之法，高陵勿向，背丘勿逆，佯北勿从，锐卒勿攻，饵兵勿食，归师勿遏，围师必阙，穷寇勿追。此用兵之法也。

【白话】

孙子说：用兵之法，从主将受命于国君，集合军队，再到两军对垒，这中间没有比两军抢争先机更困难的事了。两军争利之难，就在于怎样将迂回的弯道变为捷径，将不利变为有利。所以，我们迂回前进，又用小利诱惑敌人多走弯道。因而我军出发虽后，却能先敌而至目的地。这就是迂直之计。

两军抢占先机争利，既有好处，也有危害。若带着全部家当则行军迟缓，不能按时到达预定地点；若轻装行军，则会失去辎重装备和后勤物资。

若卷起铠甲急行军，日夜兼程，跋涉百里与敌争利，则三军主将极易被擒，造成精锐士兵先赶到，而体弱者掉队，如此，能赶到目的地的兵力不过十分之一；奔波五十里与敌争利，先头部队的将领就会受挫，也只有一半的兵力勉强赶到；奔波三十里与敌争利，也只能有三分之二的兵力能如期到达。因此，军队没有辎重武器就会失败，没有粮食就会饿毙，没有物资储备，军队就难以为继。

不了解诸侯国的战略意图，就不与之结交；不熟悉山林、险要、沼泽等地理环境，就不能行军；不用向导带路，就不能获知当地情况。所以，兵不厌诈，对我有利即可行动，根据敌情分散或集中部署兵力。军队行动，疾行军时要快如飓风，缓慢时若森林严整；进攻时像烈火；防守时稳如山岳。隐蔽时如阴天蔽日，冲锋时迅雷不及掩耳。把夺取的粮食和奴隶分给有功者，把占领的土地分给功臣，权衡利弊再伺机行动。懂得迂直之变化者，就可取胜，这就是争夺制胜的原则。

古代兵书《军政》[1]上说："作战时，士兵不易听到主将的命令，所以要用锣鼓；有时又看不到主将的动作，所以要设令旗。"金鼓与令旗都是指挥号令，使全军行动统一，比如，勇者不得独自冒进，怯弱者也不能单独后退，这就是指挥大部队之战法。所以，夜战多火光和金鼓，白天打仗多用令旗，这可以扰敌视听。

对于敌军，可挫伤其士气；对于敌主将，可乱其心智。打仗初期，兵卒士气饱满，继而怠惰，终则衰竭。故良将用兵，总会避其锐气，等敌方士气懈怠或衰竭时，再去攻击他，这是掌握士气的用兵方法。以严谨对混乱，用镇静对骚动。这是掌握军心的手段。我军在附近设置埋伏打击敌人，这就是以近待远、以逸待劳、以饱待饥，牢牢掌握战场的主动权。但是，对于旗帜整齐的敌人不打，阵容强大的敌人不要硬拼，战术上需要灵活机变。

---

[1]《军政》，早于《孙子兵法》的一本古代兵书，今不存。

用兵的法则是：对占领高地的敌人，不要仰攻；若敌人背靠高地冲下来，也不要正面攻击；敌人假装败退，不可盲目追击。敌人进攻猛力，可避其锋芒；敌军饵我以利，必有埋伏；敌军退归本国，归心似箭，切勿阻击；包围敌军时，要留个缺口，避免其以死顽抗；陷入绝境的敌人不要过分逼迫，避免其以死反扑。这些都是用兵原则。

(8) 九变篇

【原文】

孙子曰：凡用兵之法，将受命于君，合军聚众，圮地无舍，衢地交合，绝地无留，围地则谋，死地则战。途有所不由，军有所不击，城有所不攻，地有所不争，君命有所不受。

故将通于九变之利者，知用兵矣；将不通于九变之利者，虽知地形，不能得地之利矣。治兵不知九变之术，虽知五利，不能得人之用矣。

是故智者之虑，必杂于利害。杂于利，而务可信也；杂于害，而患可解也。是故屈诸侯者以害，役诸侯者以业，趋诸侯者以利。

故用兵之法，无恃其不来，恃吾有以待也；无恃其不攻，恃吾有所不可攻也。

故将有五危：必死，可杀也；必生，可虏也；忿速，可侮也；廉洁，可辱也；爱民，可烦也。凡此五者，将之过也，用兵之灾也。覆军杀将，必以五危，不可不察也。

【白话】

孙子说：凡用兵法则，主将受命于国君，集合军队准备出发。需要注意的是，在山林、险阻、沮泽等难行的"圮地"，不可宿营；在地处多国、四通八达的"衢地"，应与诸侯结交；在无水源、缺粮草而交通困难、难于生存的"绝地"，不可久留；在四面险阻、进退困难、易被包围的"围地"，要速想计谋；在进退无路的"死地"，则要殊死一搏。有的道路不要通过，有的敌军不要打，有的城邑不要攻占，有的土地不要争。国君的命令，若不利战况，可不执行。

所以，主将能精通机变之法则，也就懂得用兵；若主将不精通机变之法，然知地形，也不能得到地利。因此，指挥军队却不知战术灵活变通，即使知道地形心利，也不能充分发挥官兵的作用。

因此，良将考虑问题，必兼顾利弊。在有利的情况下考虑不利因素，战事可顺利进行；在不利的情况下看到有利的一面，可解除隐患。若想使诸侯国屈服，必须对其施以恐怖，再用劳动奴役他，或用小利引诱他。所以，用兵原则，不要寄希望于敌人不来，而要做好准备，严阵以待；不要幻想敌人不会进攻，而是要充分准备，使敌人无法有效进攻。

所以，为将者，有五种致命弱点：死拼蛮干，就可能被敌人诱杀；贪生怕死，很容易被敌人俘虏；愤怒暴躁，敌人就会施计刺激他；廉洁好名，敌人就会设计侮辱他；只顾爱民，敌人可烦扰他的兵民，使他疲于救援。以上五种，是主将易犯的过错，也是用兵大忌。军队被覆灭，将领被杀害，必由上述五种危险所致，不可不慎。

(9) 行军篇

【原文】

孙子曰：凡处军、相敌：绝山依谷，视生处高，战隆无登，此处山之军也。绝水必远水；客绝水而来，勿迎之于水内，令半济而击之，利；欲战者，无附于水而迎客；视生处高，无迎水流。此处水上之军也。绝斥泽，惟亟去无留；若交军于斥泽之中，必依水草而背众树，此处斥泽之军也。平陆处易，而右背高，前死后生，此处平陆之军也。凡此四军之利，黄帝之所以胜四帝也。

凡军好高而恶下，贵阳而贱阴，养生而处实，军无百疾，是谓必胜。丘陵堤防，必处其阳，而右背之。此兵之利，地之助也。上雨，水沫至，欲涉者，待其定也。凡地，有绝涧、天井、天牢、天罗、天陷、天隙，必亟去之，勿近也。吾远之，敌近之；吾迎之，敌背之。军行有险阻、潢井、葭苇、山林、翳荟者，必谨覆索之，此伏奸之所处也。

敌近而静者，恃其险也；远而挑战者，欲人之进也；其所居易者，利也。众树动者，来也；众草多障者，疑也；鸟起者，伏也；兽骇者，覆也；尘高而锐者，车来也；卑而广者，徒来也；散而条达者，樵采也；少而往来者，营军也。辞卑而益备者，进也；辞强而进驱者，退也；轻车先出，居其侧者，陈也；无约而请和者，谋也；奔走而陈兵车者，期也；半进半退者，诱也。杖而立者，饥也；汲而先饮者，渴也；见利而不进者，劳也；鸟集者，虚也；夜呼者，恐也；军扰者，将不重也；旌旗动者，乱也；吏怒者，倦也；粟马肉食，军无悬缶，不返其舍者，穷寇也；谆谆翕翕，徐与人言者，失众也；数赏者，窘也；数罚者，困也。先暴而后畏其众者，不精之至也；来委谢者，欲休息也。兵怒而相迎，久而不合，又不相去，必谨察之。

兵非多益也，惟无武进，足以并力、料敌、取人而已。夫惟无虑而易敌者，必擒于人。

卒未亲附而罚之，则不服，不服则难用也；卒已亲附而罚不行，则不可用也。故令之以文，齐之以武，是谓必取。令素行以教其民，则民服；令不素行，以教其民，则民不服。令素行者，与众相得也。

【白话】

孙子说，部署军队、侦察敌情时切记：经过山地，须靠近有水草的山谷，宿营须在向阳高地。敌方占领高地，切忌仰攻，此乃山地战布阵法。大军渡河后，必须远离水流扎营。若敌方渡河来攻，切不可在岸边迎敌，要等敌人渡过一半，至深水处再打击，可大胜。若与敌方交战，切不可让我军背对着江河。在江河附近扎营，也要选在上游高地，不要安营在下游，这是水边作战布阵法。在沼泽附近行军，要迅速，切勿停留。若此时遇敌，可设法近草倚树，这是在沼泽地行军作战法。在平原地带扎营，以背靠高地为上策，前低后高，此为平原行军作战法。这四种行军布阵法，正是黄帝战胜其他四方部落的原因。

通常来说，扎营都在干燥的高地，放弃潮湿的洼地，喜阳光而弃阴湿，粮草供给充足，士兵百病不生，如此必胜。若遇丘陵、大堤，定要驻扎在向阳坡面，利用它做掩体。这对军队有帮助，所谓地利是也。

上游下雨，暴发洪水，切勿渡河，等水势平稳后再作决定。凡是从绝涧、天井、天牢、天罗、天陷、天隙这六种有害的地形经过，必须立即离开，切勿靠近。这六害地形，我军要远离、避开，而让敌军靠近它。行军途中会遇到险阴之地，若水草丛生、芦苇密集，定要谨慎搜索，这里可能藏有伏兵。

侦察要点：敌军靠近我，却能保持安静，是因为有险可据；敌我距离远，却不时来袭扰，是诱我冒进；敌军据平坦之地，一定是因为可以采取有利的军事行动。若树木动摇，是敌军隐蔽而来；草丛中多障碍，是敌军布下的疑阵；鸟雀突然飞起，下面定有伏兵；野兽惊跑，是敌人猛扑而来；尘土飞扬直上，是敌军战车来了；尘土低而广阔，是敌军步卒前进；尘土疏散成行，是敌军砍树拖着回来；尘土少，时起时落，则是敌军安营扎寨。敌军来使言辞谦卑，后面的部队却很戒备，说明敌方就要进攻；敌方来使措辞强硬，后面部队好像要进攻，实则要撤退；敌人先出动战车，部署在大军两侧，说明敌方正在布阵，准备开战；敌方无缘无故求和，必有阴谋；敌方士卒奔走，兵车布好阵形，说明敌方期待与我们决战；敌方半进半退，这是诱我上当；敌人倚靠兵器站立，说明很饿；士卒取水，自己先饮，说明敌军很渴；见到好处却不去拿，说明敌军疲劳；敌营上方群鸟飞集，则是空营；敌士卒夜间大呼小叫，说明军心恐慌；敌军纷乱无序，则将领无威望；敌军旗帜乱摇，则阵形已乱；军官易怒，表示厌战；用粮喂马，又杀马吃肉，军中炊具被打烂，部队无人返营，说明敌方已陷入绝境；敌将絮絮叨叨，低声下气与士卒说话，说明敌将已失去人心；一再犒赏其士卒，则是处境窘迫；不断处罚士卒，说明敌军陷入困境。先粗暴地对待部下，后又害怕部下叛离，说明敌将愚蠢之至。敌方前来送礼道歉，表示想休战。敌人恼怒而来，久不与我军交锋，也不撤退，必有计谋，需仔细观察应对。

用兵并不在于兵卒越多越好，只要不轻敌冒进，即可集中力量，算准敌方虚实，乘势取胜。无谋略，又一味轻敌者，定会被擒。

对士卒还没了解就施加刑罚，必不服，不服就难以使用；若已经获得士卒拥护，却该罚未罚，则同样不能使用。所以要教之以仁义，训之以军法，如此必胜。平素教育士卒"军令如山"，士卒就会信服；平素军令没有严格执行，士卒就不服。平素令行禁止，说明将领与士卒之间相处融洽。

（10）地形篇

【原文】

孙子曰：地形有通者，有挂者，有支者，有隘者，有险者，有远者。

我可以往，彼可以来，曰通。通形者，先居高阳，利粮道，以战则利。可以往，难以返，曰挂。挂形者，敌无备，出而胜之；敌若有备，出而不胜，难以返，不利。我出而不利，彼出而不利，曰支。支形者，敌虽利我，我无出也；引而去之，令敌半出而击之，利。隘形者，我先居之，必盈之以待敌；若敌先居之，盈而勿从，不盈而从之。险形者，我先居之，必居高阳以待敌；若敌先居之，引而去之，勿从也。远形者，势均，难以挑战，战而不利。凡此六者，地之道也，将之至任，不可不察也。

故兵有走者，有弛者，有陷者，有崩者，有乱者，有北者。凡此六者，非天之灾，将之过也。夫势均，以一击十，曰走；卒强吏弱，曰弛；吏强卒弱，曰陷；大吏怒而不服，遇敌怼而自战，将不知其能，曰崩；将弱不严，教道不明，吏卒无常，陈兵纵横，曰乱；将不能料敌，以少合众，以弱击强，兵无选锋，曰北。凡此六者，败之道也，将之至任，不可不察也。

夫地形者，兵之助也。料敌制胜，计险厄远近，上将之道也。知此而用战者必胜，不知此而用战者必败。故战道必胜，主曰无战，必战可也；战道不胜，主曰必战，无战可也。故进不求名，退不避罪，唯人是保，而利合于主，国之宝也。

视卒如婴儿，故可与之赴深溪；视卒如爱子，故可与之俱死。厚而不能使，爱而不能令，乱而不能治，譬若骄子，不可用也。

知吾卒之可以击，而不知敌之不可击，胜之半也；知敌之可击，而不知吾卒之不可以击，胜之半也；知敌之可击，知吾卒之可以击，而不知地形之不可以战，胜之半也。故知兵者，动而不迷，举而不穷。故曰：知彼知己，胜乃不殆；知天知地，胜乃不穷。

【白话】

孙子说：地形有通、挂、支、隘、险、远六种。凡我军可往、敌军可来，此为通形。在"通"形地带作战，应先占据向阳高位，便于运粮，有利于作战，可以前往，难以返回，此为挂形。在"挂"形地带，若敌人未有防备，可击败它，若敌有备，不易获胜。若敌方断我归路，则对我很不利，我军出击不利，敌军出击也不利，此为支形。在"支"形地带，尽管敌方诱惑我，我军也坚守不出。可佯装撤退，引敌追击，敌人追击至半途，我伏击之，必胜。在"隘"形地带，我军应先占据，重兵守住隘口等待敌人。若敌人先占据隘口，且重兵把守，此时切勿作战。若敌人在隘口兵力不足，则可考虑出击。在"险"形地带，若我军先占据，则在向阳高地伏击敌人，若敌人先占据，应撤军离开，切勿与敌交战。在"远"形地带，敌我双方势均力敌，难以对抗，谁先挑战，对谁就不利。以上六点，是利用地形作战的原则，也是主将的重大职责，不能含糊。

军队一般有走、弛、陷、崩、乱、北等六种失败的情况。究其原因，不是天灾，而是主将之过。在敌我兵力相当时，以一敌十，造成军队溃败而逃的，叫作"走"；士卒强悍而军官无能，导致战败，叫作"弛"；军官强横而士卒懦弱，导致失败，叫作"陷"；副将不服主将指挥，遇敌擅自出战，主将又不了解其能力，导致失败，叫作"崩"；主将懦弱，对部下管束不严，教导无方，官兵关系陷入无序状态，排兵布阵杂乱无章，导致失败，叫作"乱"；主将不会分析敌情，以少击众、以弱击强，又没选出敢死队，导致失败，叫作"北"。以上六种情况，是战败的原因，这也是主将的责任，不可不研究。

地形是打仗的辅助条件。正确研判敌情，掌握主动，考察地形险厄，计算路途远近，这是良将的用兵原则。懂得这些原则去指挥作战，必胜；

不了解这些原则而去乱指挥，必败。所以，主将经过分析，认为有必胜把握，但国君却不同意开战，这种情况下，主将是可以坚持自己的判断打一仗的；如果主将分析战况，胜算不大，但国君却坚持要打，这种情况下，主将可以拒不出兵。作为将帅，进不求功名，退不避罪责，只求保护民众，利于国君，这种主将，才是国宝。

待士卒如待稚童，则士卒愿与主将共赴深山险谷；待士卒如爱子，则士卒愿与主将同赴生死。若厚待士卒却不能指使，溺爱士卒却不能差遣，违法不能惩治，这些就像娇惯的孩子，无法用来作战。已知我军能战，却不知敌军不能战，胜算只有一半；已知敌军能战，却不知我军不能出战，胜算也只有一半；已知敌军可以作战，也了解我军可以作战，却不知地形条件不可以作战，胜算也是一半。所以懂得用兵的人，行动起来不迷惑，也不困窘。所以说：了解对方也了解自己，胜算就有把握，再加上了解天时地利，胜算就有十足的把握。

（11）九地篇

【原文】

孙子曰：用兵之法，有散地，有轻地，有争地，有交地，有衢地，有重地，有圮地，有围地，有死地。诸侯自战其地，为散地；入人之地而不深者，为轻地；我得则利，彼得亦利者，为争地；我可以往，彼可以来者，为交地；诸侯之地三属（zhǔ），先至而得天下之众者，为衢地；入人之地深，背城邑多者，为重地；行山林、险阻、沮泽，凡难行之道者，为圮（pī）地；所由入者隘，所从归者迂，彼寡可以击吾之众者，为围地；疾战则存，不疾战则亡者，为死地。是故散地则无战，轻地则无止，争地则无攻，交地则无绝，衢地则合交，重地则掠，圮地则行，围地则谋，死地则战。

所谓古之善用兵者，能使敌人前后不相及，众寡不相恃，贵贱不相救，上下不相收，卒离而不集，兵合而不齐。合于利而动，不合于利而止。敢问："敌众整而将来，待之若何？"曰："先夺其所爱，则听矣。"兵之情主速，乘人之不及，由不虞之道，攻其所不戒也。

凡为客之道：深入则专，主人不克；掠于饶野，三军足食；谨养而勿劳，并气积力；运兵计谋，为不可测。投之无所往，死且不北；死焉不得，士人尽力。兵士甚陷则不惧，无所往则固，深入则拘，不得已则斗。是故，其兵不修而戒，不求而得，不约而亲，不令而信，禁祥去疑，至死无所之。

吾士无余财，非恶货也；无余命，非恶寿也。令发之日，士卒坐者涕沾襟，偃卧者涕交颐。投之无所往者，诸、刿之勇也。

故善用兵者，譬如率然。率然者，常山之蛇也，击其首则尾至，击其尾则首至，击其中则首尾俱至。敢问："兵可使如率然乎？"曰："可"。夫吴人与越人相恶也，当其同舟而济，遇风，其相救也如左右手。是故方马埋轮，未足恃也；齐勇若一，政之道也；刚柔皆得，地之理也。故善用兵者，携手若使一人，不得已也。

将军之事，静以幽，正以治。能愚士卒之耳目，使之无知。易其事，革其谋，使人无识；易其居，迂其途，使人不得虑。帅与之期，如登高而去其梯；帅与之深入诸侯之地，而发其机，焚舟破釜，若驱群羊，驱而往，驱而来，莫知所之。聚三军之众，投之于险，此谓将军之事也。九地之变，屈伸之利，人情之理，不可不察。

凡为客之道，深则专，浅则散。去国越境而师者，绝地也。四达者，衢地也。入深者，重地也。入浅者，轻地也。背固前隘者，围地也。无所往者，死地也。是故散地，吾将一其志；轻地，吾将使之属；争地，吾将趋其后；交地，吾将谨其守；衢地，吾将固其结；重地，吾将继其食；圮地，吾将进其途；围地，吾将塞其阙；死地，吾将示之以不活。故兵之情：围则御，不得已则斗，过则从。

是故不知诸侯之谋者，不能预交；不知山林、险阻、沮泽之形者，不能行军；不用乡导者，不能得地利。四五者不知一，非霸王之兵也。夫霸王之兵，伐大国，则其众不得聚；威加于敌，则其交不得合。是故不争天下之交，不养天下之权，信己之私，威加于敌，故其城可拔，其国可隳。

施无法之赏，悬无政之令，犯三军之众，若使一人。犯之以事，勿告以言；犯之以利，勿告以害。投之亡地然后存，陷之死地然后生。夫众陷于害，然后能为胜败。

故为兵之事，在于顺详敌之意，并敌一向，千里杀将，此谓巧能成事者也。是故政举之日，夷关折符，无通其使，厉于廊庙之上，以诛其事。敌人开阖，必亟入之，先其所爱，微与之期，践墨随敌，以决战事。是故始如处女，敌人开户；后如脱兔，敌不及拒。

【白话】

孙子说，用兵之法，战场地形可分为：散地、轻地、争地、交地、衢地、重地、圮地、围地、死地等九种。在本国境内作战，这个地区叫散地；进入敌国作战，还未深入的地区，叫轻地；我方得到有利，敌方得到后也有利的地区，叫争地；我可往，敌亦可来的地区，叫交地；与多国交界接壤，先期到达就能得到诸侯列国援助的地区，叫衢地；深入敌国腹地，背对敌国许多城邑的地区，叫重地；山岭、森林、险阻、沼泽等行军难的地区，叫圮地；进入的道路狭窄，出来的道路迂回，敌方以少量兵力即可袭我大军的地区，叫围地；拼杀就能生存，否则全军覆没的地区，叫死地。因此，在散地不宜作战；在轻地不宜停留；若在争地，后于敌人到达，则不可强攻；在交地，军队之间不可失去联络；进入衢地要结交邻国；深入重地，需要掠取敌人获取补给；碰到圮地，要迅速离去；陷入围地，就需用奇谋脱险；置身死地则要拼死突围。

古代良将，能使敌军前后不能呼应，使敌军主力和小分队之间无法策应，使敌方官兵间不能救应，使敌军上下级之间无法联络，造成士卒溃散，队伍狼藉。总之，对我方有利就立即行动，无益就立即停止。

问："敌方兵多，阵容严整，欲来与我决战，该如何对付？"

答："先攻其要害、夺其所爱，敌人就会乖乖听话。"打仗，贵在神速，让敌人猝不及防，另辟蹊径，攻其不备。

凡进入敌境作战，原则是：越往前深入，我方士卒斗志益坚，敌方无法胜我。这时，可在富饶的原野上掠取补给，士卒就能吃饱，养精蓄锐。在兵力部署上，要施展计谋，使敌方无法臆测我军意图。

将士卒置于绝境，他们就会死战而不会败逃。士卒尽力作战，宁死不退，焉有不胜之理。士卒陷于绝境就无所畏惧，走投无路时就会齐心协力。越是深入敌境，士卒的凝聚力就越强，遇到战斗，就会拼命一战。所以，士卒在死地作战，无须严管，就会自觉加强戒备，无须命令，就能完成任务，无须严格约束就能团结，无须三令五申，就能遵守纪律，禁止占卜，消除疑虑，战斗到底而不会临阵脱逃。

我军士卒无多钱财，非不爱财；他们能置生死于度外，并非嫌生命长寿。宣布出征那天，坐着的士卒，泪湿衣襟；躺着的士卒，泪满脸颊。让他们走投无路，他们就会像专诸（春秋吴国勇士，刺死吴王僚）、曹刿（春秋鲁国武士，以匕首挟持齐桓公退还鲁国失地）一样勇敢。

善于指挥者，能使军队像恒山蛇一样，击其头，其尾就会来救应；击其尾，头就会来救应；击其腰，头尾都会来救应。

问："可以让军队也像恒山蛇一样吗？"

答："可以。"吴国和越国，一直相互仇恨，但如果两国人同舟过河，遇大风暴时，他们也会手把手相互救助。

所以，想用把马拴在一起、深埋车轮等显示决一死战的办法，以此来稳固军心，这靠不住。若想使士卒在作战时心齐如一，这就需要主将带兵有术，防强弱的兵都能发挥作用，从而要很好地利用地形。所以，良将能使全军携起手来，团结得像一个人，这是客观形势，不得不如此。

带兵打仗这事，要深谋远虑，严正认真。作战机密不可让士卒知道，包括更改部署、改变计划，使人无从知晓。更换驻地、行军绕道，使人无法知道军事意图。主将给军队下达作战任务，要像登高抽梯，没有退路。率领军队深入敌国境内，就像离弦之箭、破釜沉舟，一往直前。指挥士卒就要像驱赶羊群，赶过去赶过来，除了主将，没人知道往哪里去。聚集全军官兵，把他们投放在险境，迫使他们拼死作战，这就是主将的职责。各种地形的战术变化、攻防进退的得失、士卒们的心理变化，主将不能不认真研究。

通常讲入敌国作战，基本规律是：深入敌境，士兵就会专心作战；浅入敌境，士卒易逃散。出国远征，即入绝地。四通八达的地方，叫衢地；深入敌境，叫重地；刚入敌境不远的地方，叫轻地；背有险阻、前有隘口，叫围地；无处可逃，叫死地。所以在散地，官兵要同心协力、一心作战；在轻地，各部队要紧密相连；在争地，要尽快使后续部队持续跟上；在交地，要谨慎防守；在衢地，要与邻国结盟；在重地，要保证给养；在圮地，要快速行军通过；在围地，要封锁缺口；在死地，要拼死战斗。所以，士卒作战的心理特点是：被包围后，就得顽强抵抗；逼入绝境，士卒就会听从指挥，拼命战斗。

　　如果不了解诸侯国的政策，就不能结交；不熟悉山林、险阻、湖沼等地形，就不能行军打仗；不使用当地人做向导，就不能熟悉当地的地形。九种地形中，有一种不了解的，就不能算是霸主之师。霸主之师进攻大国，能使大国军民来不及集合；兵威加于敌国，会使其盟国不敢与它联合。所以不必争着与天下诸侯结盟，也用不着在别国培养自己的势力，只要施展自己的战略意图，把威力施加于敌人，即可拔其城，毁其国。

　　有时需要施行不合常法的奖赏，颁布不合常规的命令，指挥全军如差遣一人。让士卒做事，不必告诉意图；让士卒去执行任务，不必告诉其中的危害。有时，把士卒置于危亡境地，才有可能生还，有时让士卒陷于死地，才有可能脱险。让全军将士陷于危难之中，拼死一搏，才能赢得胜利。所以，带兵打仗，首先要详察敌人意图，一有机会，集中兵力击其要害，即使千里奔袭，也可擒杀敌将。所以说，善于用兵者能成大事。

　　一般来说，军事行动一旦确定，须立即封锁关口，销毁信符，禁止使者往来。君臣在庙堂上反复推敲行动计划，做出战略部署，敌军若露破绽，我方须立即乘机而入，先夺其要地，不要让敌人知道我方进攻时间，同时，须根据敌情变化，随时调整战争计划，以期决胜。所以军事行动初始，要像未嫁女子一样沉静，敌人就会打开门户，放松戒备。然后我军像脱兔一样，迅速出击，敌人就会措手不及。

（12）火攻篇

【原文】

　　孙子曰，凡火攻有五：一曰火人，二曰火积，三曰火辎，四曰火库，五曰火队。行火必有因，烟火必素具。发火有时，起火有日。时者，天之燥也；日者，月在箕、壁、翼、轸也，凡此四宿者，风起之日也。

凡火攻，必因五火之变而应之。火发于内，则早应之于外。火发兵静者，待而勿攻，极其火力，可从而从之，不可从而止。火可发于外，无待于内，以时发之。火发上风，无攻下风。昼风久，夜风止。凡军必知有五火之变，以数守之。故以火佐攻者明，以水佐攻者强；水可以绝，不可以夺。

夫战胜攻取，而不修其功者，凶，命曰"费留"。故曰：明主虑之，良将修之。非利不动，非得不用，非危不战。主不可以怒而兴师，将不可以愠而致战；合于利而动，不合于利而止。怒可以复喜，愠可以复悦，亡国不可以复存，死者不可以复生。故明君慎之，良将警之，此安国全军之道也。

【白话】

孙子说，大凡火攻，一般有五种方式：一是烧杀敌军人马，二是焚烧敌军粮草军需，三是焚烧敌军辎重战车，四是焚烧敌军仓库，五是焚烧敌军的运粮通道。

实施火攻，必须具备一定的条件，火攻器材平常要准备好。纵火要选好天时和日子。火攻的最佳天时，就是干燥、久旱不雨的天气；有利于火攻的日子，主要是月亮运行经过箕、壁、翼、轸四星位置的时候，几月亮运行至此，必会起风。

军队必须根据五种火攻引起的不同变化，灵活机动部署兵力，配合策应。若从敌营内部纵火，则营外要及早派兵策应。大火熊起，而敌营仍旧安静，这就需要观察，等火势最旺时，可攻即攻，不可攻就停止。若在敌营外火攻，就不必等待内应，只待适时纵火即可。首先，纵火一定要在上风口，切勿在下风口。风在白天刮得久，夜晚就会停止。凡军营官兵，都应掌握这五种火攻法，及时注意风向气候，一有机会，立即对敌实施火攻。

战场上，用纵火作为辅助进攻，战果很明显；若用水来辅助进攻，攻势看起来强大，然水攻虽能阻绝敌军，却无法夺得敌军的兵马与军需。

作战取胜，攻下城邑，若不能巩固成果，必然遭殃，这就叫"费留"。所以说，明君会慎重考虑这个问题，良将也要研究处置。没有利益就不行动，没有取胜的把握就不用兵，不危及国家存亡就不轻易开战。国君不可因发怒就起兵，将帅也不可因一时生气就开战。有利就打，无利就不打。怒可以复喜，愠可以转为喜悦，但国家亡了，就不再存在，人死更无复活。因此，明君对打仗一定要慎重，良将对待战争务必警惕，这是安定国家和保全军队的根本原则。

（13）用间篇

【原文】

孙子曰：凡兴师十万，出征千里，百姓之费，公家之奉，日费千金。内外骚动，怠于道路，不得操事者七十万家。相守数年，以争一日之胜，而爱爵禄百金，不知敌之情者，不仁之至也，非人之将也，非主之佐也，非胜之主也。故明君贤将，所以动而胜人，成功出于众者，先知也。先知者，不可取于鬼神，不可象于事，不可验于度，必取于人，知敌之情者也。

故用间有五：有因间，有内间，有反间，有死间，有生间。五间俱起，莫知其道，是谓神纪，人君之宝也。因间者，因其乡人而用之。内间者，因其官人而用之。反间者，因其敌间而用之。死间者，为诳事于外，令吾间知之，而传于敌间也。生间者，反报也。

故三军之事，莫亲于间，赏莫厚于间，事莫密于间。非圣智不能用间，非仁义不能使间，非微妙不能得间之实。微哉！微哉！无所不用间也！间事未发，而先闻者，间与所告者皆死。

凡军之所欲击，城之所欲攻，人之所欲杀，必先知其守将、左右、谒者、门者、舍人之姓名，令吾间必索知之。必索敌人之间来间我者，因而利之，导而舍之，故反间可得而用也。因是而知之，故乡间、内间可得而使也；因是而知之，故死间为诳事，可使告敌；因是而知之，故生间可使如期。五间之事，主必知之，知之必在于反间，故反间不可不厚也。昔殷之兴也，伊挚在夏；周之兴也，吕牙在殷。故惟明君贤将，能以上智为间者，必成大功。此兵之要，三军之所恃而动也。

【白话】

孙子说，凡兴兵十万，远征千里，则百姓负担，国家开支，每天都要耗费千金之巨。一旦开战，举国骚动，百姓疲于运送物资，因此荒废农耕的家庭，总有七十万家。敌我对峙数年，只为争一日之胜。若吝惜爵禄与金钱，不愿重用间谍，最后因不了解敌情而致败仗，这种将领是没有仁心的，他们不配当将领，不配当国君助手，更不配成为胜利的主宰。所以贤明的君主和将领，之所以战之能胜，成就超过普通人，就在于他们事先了解敌情。预先掌握情报，不可问神占卜，不可类比以往经验，也不可以日月星象作推测，一定要利用谍报手段获得准确敌情。

间谍常用方式有五种：因间、内间、反间、死间、生间。若此五种间谍综合使用，敌方无以应付，可谓用间如神，为国君之法宝。因间，是利用敌方的当地人充当；内间，是利用敌方的官吏充当；反间，就是让敌方的间谍为我所用；死间，就是意外泄假情报，让我方间谍传递给敌方（敌上当后，我方间谍必处死）；生间，我方间谍需安全归来报告敌情。

三军之中，主将培养的间谍才是最亲信的人，奖赏间谍也最优厚，与间谍议事也更机密。不是才智过人的主将不能用间，非仁义备至之人不能指挥间谍，非用心微细之人，不能鉴别谍报之真伪。很微妙啊！间谍无处不在。若用间行动尚未实施，消息却已泄露，那么间谍与泄密者都会被处死。

若准备攻击某敌军，进攻某城池，杀某个人物，必须事先了解城之守将、幕僚、警卫、守城者、守官署者的名字，这就需要我方间谍全面、准确地搜集这些情报。同时，一定要查出敌方派来的间谍，用重金收买他，使其投靠我方，然后释放他，敌间成了反间，为我所用。

根据反间的情报，才能准确判断：乡间、内间是否可以使用；是否可以利用死间，制造假情报迷惑敌人；生间能否如期往返等。五种间谍的使用，国君一定要掌握，运用之妙在于"反间"，所以，对待反间，不可不厚待。

从前商朝的兴起，是因为伊尹在夏朝为臣时，做过间谍；周朝兴起，是因为姜尚在商朝为臣时，做过间谍。所以一国的明君贤将，能任用高智商的人做间谍，必成大功。这是用兵的要诀所在，整个军队都需要间谍提供准确情报，才能决定采取何种军事行动。